Vous n'êtes pas des aigles : vous n'avez pas éprouvé le bonheur jusque dans la terreur de l'esprit.
Il faut être un oiseau pour gîter au-dessus des abîmes.

Nietzsche, *Ainsi parlait Zarathoustra*

 ISBN 2-02-004853-1

à Marie-Claude Rajon

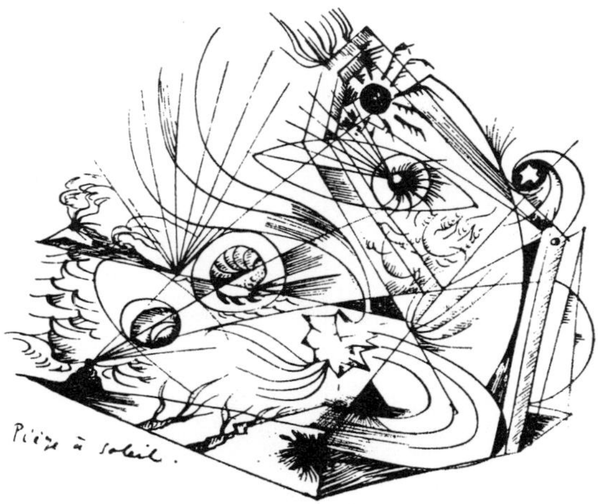

BATAILLE

alain arnaud
gisèle excoffon-lafarge

écrivains de toujours / seuil

Ce livre n'est pas un travail, mais plutôt un mémorandum. Nous n'avons pas cherché à présenter une thèse, ou la mise en pratique de *lectures* (telles qu'on peut les élaborer à partir de la *modernité*) de Bataille, ni à faire jouer des *concepts* les uns sur les autres dans le texte de Bataille.

Nous avons voulu partir d'une *expérience* : celle de Bataille (telle qu'elle se traduit dans son écriture) – à laquelle répondait, comme en écho, *notre* expérience. Il y a dans ce livre quelque chose comme une facilité : la facilité de la complicité.

Il s'agit finalement d'une sorte de relevé topographique des mots thèmes de Bataille, dont la vérité eût été d'en composer simplement un recueil de citations.

La *pensée* de Bataille ne connaît ni progression ni démonstration et se dit dans une écriture incantatoire, litanique. Aussi l'ordre des chapitres qui suivent est-il indifférent. Les thèmes d'ailleurs se répètent de l'un à l'autre, se chevauchent et sont repris sans jamais être épuisés.

Il y a parfois du vertige à lire Bataille, le travail d'énonciation l'emportant chez lui sur la cohérence ou l'ordonnancement des énoncés. Chaque mot thème s'écoule comme une eau dans les eaux. A celui qui les affronte d'entrer dans le fleuve ou d'en rester à la grève, non pas selon un choix, mais selon sa *chance*.

← Bataille à Orléans,
interviewé par Madeleine Chapsal, 1961.

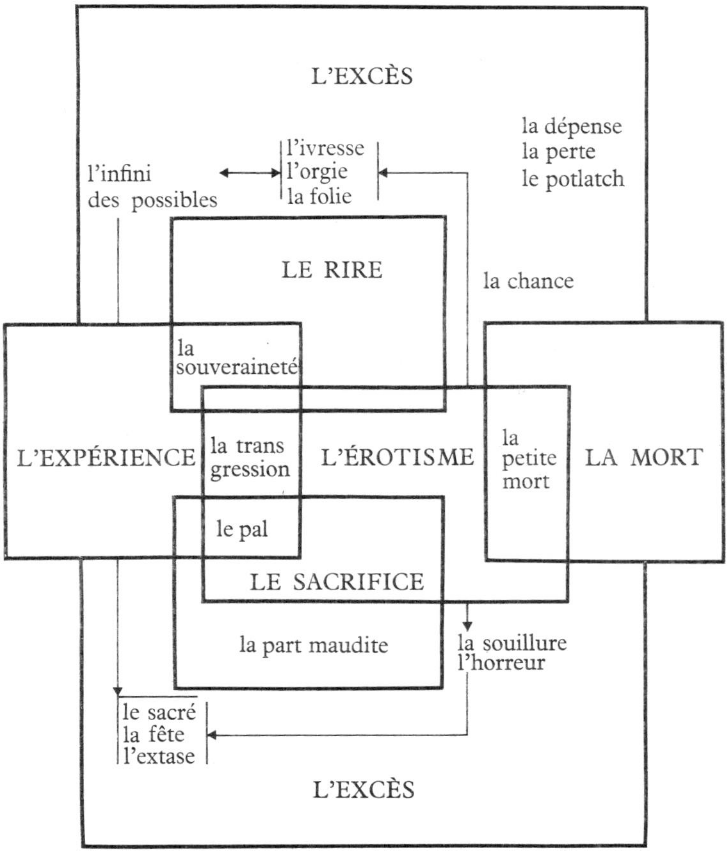
L'EXCÈS
la dépense
la perte
le potlatch
l'ivresse
l'orgie
la folie
l'infini
des possibles
LE RIRE
la chance
la
souveraineté
L'EXPÉRIENCE
la trans
gression
L'ÉROTISME
la
petite
mort
LA MORT
le pal
LE SACRIFICE
la part maudite
la souillure
l'horreur
le sacré
la fête
l'extase
L'EXCÈS

Chronologie

Georges Bataille naît en 1897 à Billom, Puy-de-Dôme. Son père est aveugle. Il fait ses études au lycée de Reims. Vers 1918, Bataille écrit *Notre-Dame de Rheims*, texte qui sera repris dans les œuvres complètes, au tome 1. Il avait été démobilisé pour tuberculose. Séminariste à Saint-Flour.

1920 Bataille rencontre Sylvia, qu'il épouse.

1922 Il soutient sa thèse aux Chartes où il est entré major. Les positions des thèses soutenues par l'ensemble de la promotion cette année-là pour l'obtention du diplôme d'archiviste-paléographe seront publiées sous le titre *l'Ordre de chevalerie, conte en vers du XIIIe siècle*, avec une introduction et des notes de Bataille, chez Picard, à Paris.

« Je le voyais très souvent entre 1917 et 1927 environ, au cours des vacances. (...) A vingt ans, dans nos montagnes d'Auvergne, il menait une vie de saint, s'imposant une discipline de travail et de méditation. Il avait préparé seul son baccalauréat de philo et, en même temps, il étudiait la religion et peut-être la théologie. Ceci dans une belle maison austère, celle de son grand-père, située à deux pas de la vieille église romane où il s'est fait enfermer un soir ; plongé dans ses prières ou dans ses réflexions, il n'avait pas entendu le sacristain fermer les lourdes portes » (Dr G. Delteil, Lettre à Jean Piel, publiée in *Critique* n° 195-196, août-sept. 1963, sous le titre : « Bataille à Riom-ès-Montagne »).

1922 Crises de mysticisme, qui aboutissent à un séjour chez les bénédictins de l'île de Wight. Bataille pense à se faire prêtre (prêtrise et cécité du père peuvent être lus comme fantasmes de base que l'on retrouve dans *Histoire de l'œil*, *l'Abbé C*). A l'issue de ce séjour, il se détourne de la foi.

1923 Rencontre avec l'œuvre de Nietzsche : « Elle m'a donné l'impression de n'avoir rien d'autre à dire. » Bataille restera fasciné par Nietzsche (sans jamais en être pour autant le disciple) : *Sur Nietzsche*, *Mémorandum*.

1924 Bataille est affecté au Cabinet des Médailles à la Bibliothèque nationale. Il collabore à la revue *Aréthuse :* « Les monnaies des grands Mogols au Cabinet des Médailles », « Notes sur la numismatique des Koushans et des Koushan-shahs sassanides », etc. Certains de ces articles sont publiés in *O.C.*, t. 1.
Dans un bordel du quartier Saint-Denis, un soir, avec Michel Leiris, André Masson et Alfred Métreaux, il projette la création d'une revue.

1926-1927 Bataille est en analyse avec le Dr Borel (il y fait allusion dans *Histoire de l'œil*). Il côtoie les surréalistes sans jamais s'engager nettement avec eux.

1928 Publication de *Histoire de l'œil* sous le pseudonyme de Lord Auch. (Le livre sera repris par J.-J. Pauvert en 1967. Voir *O.C.*, t. 1.)

1929-1930 Bataille dirige la revue *Documents* qu'il a fondée avec Georges-Henri Rivière et y publie notamment : « L'Apocalypse de Saint-Sever », « Le cheval académique », « Le langage des fleurs », « Matérialisme », « Figure humaine », « Le tour du monde en quatre-vingts jours », « Chameau », « Malheur », « Poussière », « Lieux de pèlerinage : Hollywood », « Le gros orteil », « Le bas matérialisme et la gnose », « Les écarts de la nature », « Les Pieds nickelés », « L'art primitif »... (certains de ces articles sont repris in *O.C.*, t. 1).
Rupture violente avec les surréalistes. Dans *Documents*, Bataille accuse « le bœuf Breton d'être un faux révolutionnaire à tête de Christ » (le dossier du conflit se trouve in *O.C.*, t. 2). Bataille et Breton devaient ensuite se réconcilier, puis se brouiller à nouveau.

1931 *L'Anus solaire*, publié par la Galerie Simon (repris in *O.C.*, t. 1). Bataille quitte la revue *Documents* et collabore à *la Critique sociale*, revue du Cercle communiste démocra-

« Je te demande la pureté de l'enfer – ou si tu préfères, de l'enfant. » *L'Alleluiah.*

← La maison natale de Bataille à Billom.

« Il est dans le visage humain une complication infinie
de détours et d'échappatoires. » *Le Coupable.*

tique. Il y publie des comptes rendus, dont un de la *Psychopathia sexualis* de Kraft-Ebing.

1932 Bataille suit les cours de Kojève sur Hegel. Il écrit avec Raymond Queneau une « Critique des fondements de la dialectique hégélienne » dans *la Critique sociale*. Ultérieurement, il consacrera un paragraphe à Hegel dans *l'Expérience intérieure*, et opposera à la négativité au travail hégélienne une négativité sans emploi, qui répond aux thèmes de la dépense improductive et de la part gratuite exposés dans *la Part maudite*.

1933 Bataille rencontre Colette Peignot, dont il fera publier les *Écrits*, sous le nom de Laure : « La vie de Laure eut un caractère dissolu, mais non tout d'abord. (...) La beauté de Laure n'apparaissait qu'à ceux qui devinent. Jamais personne ne m'apparut comme elle intraitable et pure, ni plus décidément « souveraine », mais en elle rien qui ne soit voué à l'ombre. Rien n'apparaissait. (...) Son nom avait pour moi le sens des orgies parisiennes de son frère dont on m'avait parlé plusieurs fois. Mais elle était visiblement la pureté, la fierté même, effacée » (*Vie de Laure*, in *O.C.*, t. 6, annexe 1, 275-277).
Dans *la Critique sociale*, Bataille publie « La notion de dépense », très influencé par l'*Essai sur le don* de Mauss. Il y développe les thèses sur la dépense improductive, la consumation, le sacrifice, le potlatch, qu'il reprendra dans *la Part maudite*, ouvrage qu'il considère comme le plus important de ceux qu'il a écrits. C'est aussi le seul ouvrage proprement *théorique* de Bataille.
Il publie aussi dans *la Critique sociale* « La structure psychologique du fascisme » où il utilise, en y introduisant ses mots thèmes propres, l'analyse marxiste.

1934 Bataille est membre d'une organisation de tendance trotskiste, animée par Boris Souvarine, directeur de *la Critique sociale*.
Des ennuis de santé l'obligent à prendre des congés, pendant lesquels il connaît une « illumination » qui donnera naissance,

La baie des Anges à Nice :
Bataille en 1926.

Les Cahiers de

CONTRE-ATTAQUE

MAI 1936 NUMÉRO 1 PRIX : 1 FR. 50

Intervention de G. Bataille à la réunion de « Contre-Attaque » du 24-XI-35

FRONT POPULAIRE
DANS LA RUE

Camarades,

Je parlerai de la question du Front Populaire.

Je ne voudrais pas, cependant, laisser s'introduire une équivoque.

Nous ne sommes pas des politiciens.

Nous tenons à nous exprimer sur la question du Front Populaire. Il est nécessaire, pour nous, de définir notre position par rapport à un nouvel ensemble de forces, dont la constitution domine actuellement la situation politique. Mais lorsque nous demandons qu'on nous fasse confiance, nous ne penserions pas que cette confiance soit exactement celle que nous cherchons si elle nous était donnée en raison de définitions plus ou moins heureuses qui relèvent, que nous le voulions ou non, de la manœuvre politique.

Nous ne tenons pas à ajouter de nouvelles manœuvres aux manœuvres déjà complexes et souvent divergentes des politiciens.

Lorsque nous parlons à ceux qui veulent nous entendre, nous ne nous adressons pas essentiellement à leur finesse politique. Les réactions que nous attendons d'eux, ce ne sont pas des calculs de position, ce ne sont pas des combinaisons politiques nouvelles. Ce que nous espérons est de tout autre nature.

Nous voyons que les masses humaines demeurent à la disposition de forces aveugles qui les vouent à des hécatombes inexplicables, qui leur font en attendant une existence moralement vide, matériellement misérable.

Ce que nous avons devant les yeux c'est l'horreur de l'impuissance humaine.

Nous en appelons, nous, directement à cette horreur. Nous nous adressons, nous, aux impulsions directes, violentes, qui dans l'esprit de ceux qui nous écoutent peuvent contribuer au sursaut de puissance qui libérera les hommes des absurdes maquignons qui les conduisent.

Nous savons que de telles impulsions ont peu de choses à voir avec la phraséologie inventée

POUR UN COLLÈGE DE SOCIOLOGIE

Introduction

I. Georges Bataille : L'APPRENTI - SORCIER.

II. Michel Leiris : LE SACRÉ DANS LA VIE QUOTIDIENNE.

III. Roger Caillois : LE VENT D'HIVER

nrf

PARIS, MCMXXXVIII

CRITIQUE

REVUE GÉNÉRALE
DES PUBLICATIONS
FRANÇAISES ET ÉTRANGÈRES

DIRECTEUR :
GEORGES BATAILLE

RÉDACTEUR EN CHEF :
PIERRE PRÉVOST

COMITÉ DE RÉDACTION :
MAURICE BLANCHOT, PIERRE JOSSERAND,
JULES MONNEROT, ALBERT OLLIVIER,
ERICH WEIL

REVUE MENSUELLE — *PREMIÈRE ANNÉE*
NUMÉRO 1 — JUIN 1946

RÉDACTION ET ADMINISTRATION
16, PLACE VENDÔME, PARIS-Ier

Après le 16 février.

Cinq cents mille travailleurs, défiés par de petits cancrelas, ont envahi la rue et fait entendre une immense clameur.

Camarades, à qui appartient-il d'imposer sa loi ?

A cette multitude TOUTE-PUISSANTE, à cet OCÉAN HUMAIN...

Seul cet océan d'hommes soulevés pourra sauver un monde du cauchemar d'impuissance et de carnage où il sombre !

associée à l'initiation aux méthodes orientales (zen, yoga), à *l'Expérience intérieure* et à la *Méthode de méditation*.
Il publie *le Petit*, sous le pseudonyme de Louis Trente (repris par J.-J. Pauvert en 1963).

1935 Bataille fonde le groupe « Contre-Attaque » (Union de lutte des intellectuels révolutionnaires) avec André Breton – avec qui il se réconcilie provisoirement –, Paul Eluard, Maurice Heine, Pierre Klossowski, Benjamin Péret, Yves Tanguy. Le groupe publie les *Cahiers de Contre-Attaque* et se réunit dans un grenier du quai des Augustins qui sera plus tard l'atelier de Picasso. Sa dernière réunion aura lieu le 21 janvier 1936 pour la commémoration jubilatoire de la mort de Louis XVI. Il se dissoudra devant la violence de ses contradictions internes.

1936 Bataille publie *le Labyrinthe* (in *Recherches philosophiques)* et *le Bleu du ciel*, dédié à André Masson, « récit qui révèle les possibilités de la vie (...) et appelle un moment de rage, sans lequel l'auteur serait aveugle à ces possibilités excessives » (avant-propos de l'édition Pauvert, 1957). Avec André Masson, il publie *Sacrifices*. Il collabore à de nombreuses revues.
Avec Roger Caillois et Michel Leiris, il fonde le Collège de sociologie sacrée, qui a pour but d'étudier l'existence sociale sous toutes ses formes et d'y déceler la présence du sacré (préoccupation que l'on retrouve dans *l'Érotisme*).
Bataille fonde la revue *Acéphale*, illustrée par André Masson (trois numéros seulement paraîtront), et qui donnera ensuite naissance à une société secrète, créée avec Pierre Klossowski et d'autres amis. Celle-ci durera jusqu'en 1939, se donnant pour but de dérégler les mécanismes sociaux et rêvant de sacrifices : aucun des participants ne voulant assumer le rôle de victime, les membres de la société égorgeront un mouton! selon du moins la légende.

1937 Publication de *Madame Edwarda*, sous le pseudonyme de Pierre Angélique, aux éditions du Solitaire (repris par J.-J. Pauvert en 1966).

« La beauté de Laure n'apparaissait qu'à ceux qui devinent... »

Georges Bataille avec sa fille Laurence, née de son mariage avec Sylvia Bataille.

Avec Maurice Nadeau

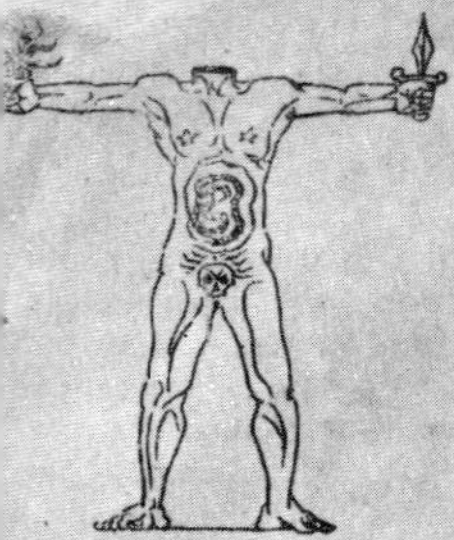

ACEPHALE

EST LA TERRE

LA TERRE SOUS LA CROUTE DU SOL EST FEU INCANDESCENT
L'HOMME QUI SE REPRÉSENTE SOUS LES PIEDS
L'INCANDESCENCE DE LA TERRE
S'EMBRASE
UN INCENDIE EXTATIQUE DÉTRUIRA LES PATRIES
QUAND LE CŒUR HUMAIN DEVIENDRA FEU
ET FER

HOMME ÉCHAPPERA A SA TÊTE COMME LE CONDAMNÉ A LA PRISON

ACÉPHALE, *publié par Georges Ambrosino Georges Bataille et Pierre Klossowsky paraîtra 4 fois par an aux*
EDITIONS G. L. M. 6 RUE HUYGHENS PARIS 14 E

Les cahiers illustrés seront régulièrement de 16 pages. Le numéro 1 est exceptionnellement de 8 pages. Le numéro 2 qui paraîtra fin septembre sera de 24 pages. Il sera entièrement consacré à une

RÉPARATION A NIETZSCHE

CONDITIONS DE VENTE:
Un cahier de 16 pages: 3f. Abonnement d'un an (64 pages): France et Belgique: 10f; Etranger, U.P. : 12f; autres pays: 15f
Le prix de l'abonnement de soutien, donnant droit (en janvier 37) à une gravure représentant ACÉPHALE est double.

A PARAITRE EN OCTOBRE 1936 AUX ÉDITIONS G. L. M.

SACRIFICES

1 *Mithra* 2 *Orphée* 3 *Le Crucifié* 4 *Minotaure* 5 *Osiris*

5 eaux - fortes de
ANDRÉ MASSON
texte de
GEORGES BATAILLE

Prix de souscription:
140 ex. sur arches: 125f · 10 ex sur japon: 200f

ÉDITIONS G. L. M.

Au cours de la vision extatique se révèle enfin l'objet... Comme catastrophe, mais ni comme Dieu ni comme néant... l'objet que l'amour incapable de se libérer autrement que hors de soi exige pour jeter le cri de l'existence déchirée.

impressions G L M le gérant : jacques Chavy

1938 Mort de Laure. Bataille, très affecté, glisse dans la maladie et la solitude. Il passe son temps à la Bibliothèque nationale où il lit beaucoup. Il n'a encore publié aucun livre sous son véritable nom. Il s'initie au yoga (il en fera l'analyse et la critique dans les premières pages de *l'Expérience intérieure*). A la suite d'un nouvel incident pulmonaire, Bataille quitte Paris et s'installe en Normandie, puis à Vézelay où il demeure jusqu'en 1949.

1943 Première version de *l'Expérience intérieure*, publiée chez Gallimard. « Je ne suis pas un philosophe, mais un saint, peut-être un fou. » Réaction virulente de Sartre dans *les Cahiers du Sud*, sous le titre : « Un nouveau mystique » (repris in *Situations I*, Gallimard). « Cet inconnu sauvage et libre, auquel M. Bataille tantôt donne et tantôt refuse le nom de Dieu, c'est un pur néant hypostasié (...) avec les mots de « rien », de « nuit », de « non-savoir » qui « dénude », il nous a tout simplement préparé une bonne petite extase panthéistique. » Réponse de Bataille dans *Sur Nietzsche* (voir *O.C.*, t. 6).

1944 *Le Coupable* (Gallimard) et *l'Archangélique* (éd. Messages).

1945 *Sur Nietzsche*, *Volonté de chance* (Gallimard), *l'Orestie* (éd. des Quatre Vents) et *Dirty* (éd. Fontaine).

1946 Bataille fonde la revue *Critique*, revue générale des publications françaises et étrangères. Il épouse Diane de Beauharnais.

1947 *L'Alleluiah, catéchisme de Dianus* (chez Blaizot) ; *Méthode de méditation* (éd. Fontaine) ; *Histoire de rats* et *Journal de Dianus* (éd. de Minuit) et *Haine de la poésie* (éd. de Minuit). Il dirige aux éditions de Minuit la collection « L'usage des richesses » (où paraîtra *la Part maudite*).

1948 *Théorie de la religion* (Gallimard) et de très nombreux articles.

1949 *Éponine* (éd. de Minuit). Bataille reprend alors son emploi de bibliothécaire, à Carpentras d'abord, puis à Orléans, où il résidera jusqu'à sa mort.

« Ma vie en compagnie de Nietzsche est une communauté. » *Sur Nietzsche.*

Ceci ne signifie pas la suppression de l'activité méditative ou artistique mais sa contestation et son ~~pas~~ développement en tant qu'essentiellement contesté.

N'oubliez pas que l'extase en elle-même est exigence. Cela signifie que nous n'avons aucune possibilité de la subordonner à quoi que ce soit d'autre et cette difficulté introduit une question fondamentale, comme l'héritage de toutes les velléités religieuses de toutes sortes jusqu'ici. Ce qui peut-être commence le débat le plus grave de l'existence.

Amicalement à vous,

Georges Bataille

1950 *L'Abbé C.* (éd. de Minuit). Préface à *Justine ou les Malheurs de la vertu*, de Sade (chez J.-J. Pauvert) : « Pour qui veut aller au fond de ce que signifie l'homme, la lecture de Sade est non seulement recommandable, mais nécessaire. »

1951 Départ pour Orléans.

1955 *La peinture préhistorique : Lascaux ou la Naissance de l'art*, et *Manet* (chez Skira) : « L'artiste? cet individu ombrageux, sachant mal ce qui le fait plein de lui-même! C'est là, le plus souvent, *ce qu'est souverainement* celui que n'incline plus la majesté des forces qui l'imposent » (*Manet*, « Une subversion impersonnelle », 26).

1957 *La Littérature et le Mal* (Gallimard). *L'Érotisme* (Minuit).

1959 Préface au *Procès de Gilles de Rais*, texte établi par Pierre Klossowski (J.-J. Pauvert).

1961 *Les Larmes d'Éros* (J.-J. Pauvert).

1962 *L'Impossible* (ex-*Haine de la poésie*), suivi de *Dianus* et de *l'Orestie*.
Mort de Georges Bataille à Paris : « Pour la fin dans le néant, il disait tout simplement *C'est comme ça !* » (Lettre du Dr Delteil à Jean Piel). « A la fin, la chute dans la mort est sale » *(l'Expérience intérieure)*.

1966 et 1967 *Ma mère*, et *Le Mort*, posthumes (J.-J. Pauvert).

ABRÉVIATIONS UTILISÉES POUR LES ŒUVRES DE BATAILLE
ET ÉDITIONS DE RÉFÉRENCE POUR LA PAGINATION

O.C., *Œuvres complètes*, Gallimard 1970...
H.O., *Histoire de l'œil; Sac.*, *Sacrifices :* in *O.C.*, t. 1. – *Imp.*, *L'Impossible :* in *O.C.*, t. 3. – *E.I.*, *L'Expérience intérieure; M.M.*, *Méthode de méditation; C.*, *Le Coupable; All.*, *L'Alleluiah*, in *O.C.*, t. 5. – *S.N.*, *Sur Nietzsche; M.*, *Mémorandum :* in *O.C.*, t. 6. – *Er.*, *L'Érotisme; Mme Ed.*, *Madame Edwarda :* UGE, « 10/18 ». – *L.M.*, *La Littérature et le Mal; T.R.*, *Théorie de la Religion :* Gallimard, « Idées ».

Lettre de Bataille à Jean Bruno, 16 février 1946.

De l'expérience

« L'expérience, son autorité, sa méthode ne se distinguent pas de la contestation. »
Bataille, *l'Expérience intérieure*

Le projet fondamental de Bataille consiste en ceci : établir les données, et les voies d'accès qui y mènent, d'une *expérience*, qu'il nomme *expérience intérieure*, mais dont les appellations varient au cours de ses écrits (« état théopathique », « extase », « sacrifice », « pal »). Cette expérience entretient avec ce qu'il est convenu d'appeler « expérience mystique » des rapports à la fois de complicité presque fascinée et de conflit presque hargneux [1]. Le rapport entre les deux expériences étant à la fois de très proche proximité et de radicale différence.

Bataille d'ailleurs se situe d'emblée en relation avec la mystique. La première nécessité semble donc être de mettre en rapport les textes mystiques et ceux de Bataille, afin d'en noter proximité et différence avant de s'interroger sur la spécificité propre de l'*expérience* que Bataille nomme *intérieure* *.

« J'entends par *expérience intérieure* ce que d'habitude on nomme *expérience mystique :* les états d'extase, de ravissement, au moins d'émotion méditée. Mais je songe moins à l'expérience *confessionnelle* qu'à une expérience nue, libre d'attaches, même d'origine, à quelque confession que ce soit. C'est pourquoi je n'aime pas le mot *mystique*. » (*E.I.*, in *O.C.*, t. 5, 15)

« Ravissement, élévation, vol de l'esprit, enlèvement, c'est tout un, et ces différents noms n'expriment qu'une même chose, qu'on appelle aussi extase. » (Thérèse d'Avila, *Ma vie*, in *Œuvres complètes*, Fayard 1962, t. 1, 179)

Expérience et non-savoir

Ce qui rapproche les deux expériences, c'est la communauté du mouvement qui, abandonnant le discursif, le conceptuel, abandonnant tout discours sur l'être (toute ontologie), va

* Nous ne citons comme auteurs mystiques que ceux utilisés par Bataille lui-même. – Les notes appelées par un chiffre sont reportées à la fin du volume.

aller jusqu'au point de non-savoir, jusqu'à la nuit qui requiert une dépense, une consumation des forces, une perte absolue : perte de l'être individuel (*dépossession* dira Bataille), perte du sens (l'inconnu) et perte du savoir. Cet état de nudité, de dépense sans réserve (en pure perte) conduit à ce que Bataille appelle la souveraineté.

Il y a là une analogie, une homologie possibles entre les textes de Bataille et les textes relevant de la théologie négative ou des théologies mystiques. Et Bataille lui-même cite le début d'un passage des *Noms divins* du pseudo-Denys. Nous en reproduisons ici une partie, dans la mesure où ce texte est infiniment proche des descriptions de Bataille et fondamentalement inconciliable avec elles.

> « Et donc, si Dieu outrepasse tout discours et toute connaissance, s'il est établi au-dessus de toute intelligence en général et de toute essence – étant lui-même une essence qui circonscrit, unit, embrasse et anticipe toutes choses (bien qu'échappant à l'appréhension de toute chose) –, s'il ne peut être atteint par aucune sensation, imagination, opinion, dénomination, discours, saisie sensitive ou science, comment, dès lors, notre discours sur les noms divins sera-t-il mené à bien, puisque la Divinité superessentielle est manifestement indésignable et au-delà de tout nom ? Cependant, ainsi que nous l'avons dit, lorsque nous posons des déterminations théologiques, telles que l'Un, l'inconnaissable, le super-essentiel, ou même le Bien lui-même (je veux parler ici de l'unité trine qui est le Bien et la Divinité même), il est impossible de dire ou de concevoir ce qu'il en est précisément. (...)
> Ainsi donc, quant à la super-essentialité divine, qui signifie la transcendance du Bien suprême, il n'est permis à aucun de ceux qui sont épris de la vérité qui surpasse toute vérité de la célébrer ; que ce soit comme discours, puissance, intelligence, vie, essence ; mais plutôt de la célébrer comme ce qui transcende suprêmement toute condition, tout mouvement, toute vie ou imagination, toute opinion ou dénomination, tout discours comme tout raisonnement, toute intellection, essence, tout repos, toute consistance, toute union, limite ou illimite, tout étant qui existe. » (pseudo-Denys, *Noms divins*, I, 5, in *Patrologie* de Migne, trad. orig.)

Nous avons là les thèmes majeurs que Bataille reconnaît comme constitutifs de son *expérience :* un outrepassement de tout discours, de tout sens, de toute présence, un au-delà de l'imaginaire comme du discursif, l'évacuation de toute opération conceptuelle. L'état atteint est alors un état de dénuement (« le non-savoir dénude » dit Bataille), et cette nudité qui est entrée dans la nuit, atteinte d'un point au-delà du savoir discursif comme du sens, point de fusion entre l'inconnu et la non-pertinence du procès de connaissance (entre le sujet comme non-savoir, sujet dissous donc et l'objet comme inconnu, également dissous), c'est la souveraineté.

« Non seulement l'opération souveraine ne se subordonne rien, elle est indifférente aux effets qui en peuvent résulter. » (*M.M.*, in *O.C.*, t. 5, 216)

« (L'âme) ne veut plus être maîtresse d'elle-même ni de quoi que ce soit (...) (L'âme) acquiert ici une souveraineté universelle. » (Thérèse d'Avila, *Ma vie*, in *op. cit.*, 189)

Cependant, là où Bataille se sépare radicalement de tout le discours de l'apophatisme ou de la théologie négative, c'est lorsqu'il déclare (et répète) :

« ... cette expérience née du non-savoir y demeure décidément. » (*E.I.*, 15)

Et ce non-savoir absolu, lui, n'est pas sans effet! A savoir qu'il n'y a pas d'issue à la question de l'expérience intérieure (à la question qu'est elle-même l'expérience intérieure). Ni issue, ni réponse : il s'agit d'une supplication qui ne peut pas avoir de fin, d'une question demeurant résolument sans réponse, d'une « mise en question sans trêve ni repos admissibles ».

« J'ai décrit l'expérience (extatique) du sens du non-sens, se renversant en un non-sens du sens, puis à nouveau... sans issue recevable... » (*S.N.*, in *O.C.*, t. 6, 160)

Au contraire, l'expérience mystique telle que l'évoque la théologie négative ou l'apophatisme connaît une issue : sa négation de toute possibilité de savoir, sa nuit du savoir renvoient à un savoir plus grand encore, à une lumière ultérieure et ultime. Il ne s'agit pas, pour le mystique, d'un mouvement circulaire analogue à l'Éternel Retour nietzschéen, mais d'un mouvement linéaire, tendu vers sa fin. Le discours négatif sur la Déité n'est qu'un moment qui trouve son achèvement (question qui trouve sa réponse et sa justification) dans la découverte de la supra-essentialité de Dieu, dans l'existence d'une supra-essentialité, dans une ontologie d'autant plus pleine et positive que rien ne peut l'atteindre. Ainsi cette expérience est-elle tendue vers un avenir, sous-tendue par un fondement sûr, fiable, et peut-elle recevoir, accueillir une réponse admissible, bref, connaître une trêve. Le pseudo-Denys précise bien, en effet, que si aucun discours, imaginaire, opinion ou sens, ne peut atteindre la Déité, c'est qu'elle les outrepasse tous, étant impossible à enfermer dans un mode d'être déterminé puisqu'elle est l'être au-delà de tout être (ce en quoi il s'agit encore d'une ontologie). Il y a ici l'insertion de la négation, du non-savoir, dans une théorie de la transcendance que Bataille n'a jamais admise. Pour Bataille, l'être est vécu dans une absolue immanence ; il est « l'être sans délai ». Pour le mystique, au contraire, l'affirmation du néant et du non-savoir renvoie à un au-delà du savoir et de l'être, qui est plus d'être, supplément de savoir. Ainsi Maître Eckart, que cite Bataille, écrit :

> « Dieu est nécessairement au-dessus de l'être. Ce qui a l'être, temps ou lieu, n'a pas de contact avec Dieu qui est au-dessus. Dieu est dans toutes les créatures, dans la mesure où elles ont l'être, et il est cependant au-dessus d'elles.
> (...) Mais quand j'ai dit que Dieu n'était pas un être, et qu'il était au-dessus de l'être, je ne lui ai pas par là contesté l'être ; au contraire, je lui ai attribué un être plus élevé. » (Maître Eckart, *Sermons*, *Quasi stella matutina*, trad. Ancelet-Hustache, le Seuil 1974, 100 s.)

Ce jeu d'une transcendance à la fois présente dans l'immanence des êtres particuliers et en même temps au-dessus, au-delà de tout être particulier, est tout à fait étranger à Bataille pour qui seule existe l'immanence totale, absolue. L'expérience intérieure comme l'expérience mystique relèvent toutes deux d'un non-savoir, d'une perte de la connaissance, d'une invalidation du procès de connaissance, déclaré limité, mais elles diffèrent totalement en ce qui concerne l'issue de cette nuit du non-savoir. Il y a, pour le mystique, un au-delà de la nuit. Il n'y a que la nuit pour Bataille. Ce qui est conséquent à deux ontologies différentes.

L'expérience et l'être : transcendance et être sans délai

L'expérience mystique est en effet instanciée sur un être qui est son référent, son sens ultime, même si de nature il est ineffable, inconcevable, insaisissable, ténébreux. Au point de départ, comme au point d'arrivée de l'expérience mystique, il y a la présence de l'être. La Déité est ce vers quoi le mystique tend. Même si cette tension, cette attente ne sont pas véritablement situées dans le temps et dans l'histoire, même si l'expérience mystique est une expérience de et dans l'instant, son but, son achèvement, c'est l'union qui lui permet de sortir de la nuit, d'atteindre l'être au-delà de tout être et donc de pouvoir considérer la nuit, le non-savoir, comme de simples passages, des épreuves, des étapes de purification (Bataille, lui, ne conçoit ni achèvement, ni sortie de la nuit, ni épreuve).

« L'expérience atteint pour finir la fusion de l'objet et du sujet, étant comme sujet non-savoir, comme objet l'inconnu. Elle peut laisser se briser là-dessus l'agitation de l'intelligence : des échecs répétés ne la servent pas moins que la docilité dernière

« ... durant tout ce temps l'âme endure dans son entendement le supplice des ténèbres, dans sa volonté celui des sécheresses et des aridités, dans sa mémoire celui de la connaissance de ses propres misères... » (Jean de la Croix, *Vive flamme d'amour*, in

« D'une extrême déchirure, si profonde que seul le silence de l'extase lui répond. » *L'Expérience intérieure.*
Esquisse du Bernin pour l'extase de sainte Thérèse.

à laquelle on peut s'attendre. »

« Dans la nuit, il n'y a que la nuit. »

« Nous ne sommes totalement mis à nu qu'en allant sans tricher à l'inconnu. (...) Mais l'inconnu exige à la fin l'empire sans partage. » (*E.I.*, 21, 144 s et 17)

Œuvres spirituelles, le Seuil 1974, 927)

« La nuit de l'esprit qui est la foi pure de toute lumière et de l'entendement et des sens... Pour achever de pacifier la demeure de son esprit, elle (l'âme) n'a qu'à fixer ses facultés, tous ses attraits et toutes ses tendances spirituelles dans la foi pure. » (Jean de la Croix, *la Montée du Carmel*, in *op. cit.*, 102)

Bataille élabore ainsi une théologie de l'absence totale, du non-savoir absolu : une a-théologie. Alors que la théologie négative est encore une téléologie dans la mesure où elle comporte l'instanciation sur un avenir qui subsume et accomplit le non-savoir, l'athéologie de Bataille est une a-téléologie, une « question sans réponse », l'absence d'avenir et d'espérance. Alors que la théologie négative est attente d'une atteinte de la Déité et de la fusion en elle du mystique, l'athéologie est une aneschatologie qui n'attend rien et ignore toute possibilité de salut, de retard [2]. La seule « tension » de l'expérience intérieure est une tension vers l'Impossible, qui n'est ni réponse ni apaisement.

L'expérience intérieure ignore tout repos et tout renversement en positivité. Pour elle, la dépense s'accomplit jusqu'au bout, dans le supplice et le sacrifice, sans réserve, demeurant résolument dans l'absence, sans aucune présence possible, ni de l'être [3] ni du sens, ni d'un avenir ni donc d'un salut. Il n'y a plus pour elle de discours possible, pas même celui de l'ineffable ou du numineux. Pas d'attente non plus, mais une expérience de la nuit dans l'instant : que Bataille appelle expérience du « pal ».

Dans l'expérience mystique, le discours négatif sur Dieu est en effet tenu au nom d'une positivité encore plus positive : la suressentialité de Dieu. L'absence renvoie à une présence lointaine, le silence à l'au-delà d'une Parole. L'athéologie, au contraire, n'admet ni positif ni négatif. Il n'y a aucun, négatif car l'expérience, ignorant tout avenir ou tout salut, ne refuse aucun possible. Il n'y a pas non plus de positif, car l'expérience, ne connaissant ou ne privilégiant aucun savoir absolu ni aucun être dernier, n'a rien à affirmer de particulier, rien d'autre que ce que Foucault appelle « une affirmation non positive », sans intention ni objet [4].

Cette dépense sans réserve, cette perte en pure perte, l'entrée dans le vide : vide du sujet comme de l'objet (non-savoir et inconnu) n'ont d'autre issue que ce qui justement n'est pas une issue, à savoir : le rire.

De même, pour le mystique, c'est l'éloignement, la différence entre Dieu et lui qui créent l'extase : différence entre le Dieu ineffable et le sujet de l'expérience qui est dans le non-savoir. Pour Bataille, l'extase naît du non-savoir lui-même et ne débouche sur rien si ce n'est sur la solitude et le rire [5]. Aucun Dieu ineffable ne prend le relais du non-savoir, et c'est la solitude.

Il ne saurait y avoir, pour Bataille, d'unification possible, d'unité. Le mystique peut toujours raccrocher son discours à une Parole unique, accomplir la réduction *ad unum* qui le pose et le rassure. Ce qui s'accomplit au contraire dans l'expérience intérieure, c'est une *fusion* par perte absolue de toute différence comme de toute garantie, et ce par la conduite de la différence jusqu'à son point le plus absolu, là où il n'y a plus ni identité ni différence, plus d'unité mais un éclatement de tout discours. Au point de *fusion* où sujet (non-savoir) et objet (l'inconnu) sont indiscernables, nocturnes, indistincts, il y a, pour Bataille, à la fois la différence absolue (qui rend tout discours caduc) et absence totale de différence, car rien ne peut plus ici différer de rien (ce qui rend également tout discours impossible, le discours reposant toujours sur du différentiel). Il n'y a que l'excès, l'impossible, c'est-à-dire le vide irrésolu.

L'expérience de Bataille est celle de la singularité et de la multiplicité (de ces singularités). Il n'y a pour lui ni identité ni unité (au sens ontologique), mais des singularités, des événements. Donc un sujet solitaire, nu, dépossédé. Le sujet mystique, au contraire, est un sujet possédé, pris et maintenu dans une unité et une totalité dans lesquelles il se fond et s'évanouit. Son temps est un temps linéaire qui connaît un commencement et un achèvement, alors que le temps de l'expérience intérieure est fait d'instants épars, singuliers, séparés, temps hétérogène sans mémoire ni destin.

En ce sens, l'expérience mystique est un cheminement qui permet et requiert une ascèse, des moyens (des étapes...), alors que l'expérience intérieure, ne connaissant ni cheminement ni étapes ni accès à une totalité, ignore et même refuse tout moyen, toute ascèse.

L'ascèse est refusée par Bataille en tant qu'elle est liée à une méthode de salut, qu'elle est attente de ce salut et donc qu'elle diffère de l'expérience de l'être, qu'elle introduit un retard, un délai, un intermédiaire dans ce qui est expérience de l'être sans délai, immédiat. L'ascèse n'est compréhensible que parce qu'elle est moyen permettant d'accéder à un avenir qu'elle conditionne et rapproche. Elle sous-entend que l'on privilégie un possible parmi d'autres et que l'on mette tout en œuvre pour l'atteindre par un certain nombre de choix qui subordonnent tout à ce possible. Or, Bataille récuse tout privilège d'un avenir sur d'autres, tout cheminement exclusif, voulant rester ouvert sur l'infini des possibles, n'admettant que l'excès dans l'immanence, dans l'instant.

> « J'envoie le souci de l'avenir au diable : j'éclate aussitôt d'un rire infini! J'ai perdu, du même coup, toute raison de faire un effort. » (*S.N.*, 80)
>
> « J'en arrive au plus important : *il faut rejeter les moyens extérieurs.* (...) Mon principe contre l'ascèse est que l'extrême est accessible par excès, non par défaut. » (*E.I.*, 24 et 34)

Voulant effectuer un « voyage au bout des possibles de l'homme », Bataille ne peut pas admettre une extériorité de l'homme : un salut, des moyens, une ascèse, ce qu'il appelle, en référence à Nietzsche, une « morale du déclin », laquelle est toujours signe d'un rétrécissement, d'un amenuisement des forces, d'un homme « mutilé » et non plus « entier ». L'ascète, pour Bataille, n'est pas un homme fort, n'est pas un homme qui épuise ses forces dans la tentative d'épuiser les possibles, mais un homme « prudent », qui économise ses forces en privilégiant un possible. C'est un homme de la réserve, qui fonctionne par défaut, par rétrécissement et amoindrissement alors que l'homme entier fonctionne par excès, par dépense, par affirmation et non par exclusion. L'ascète finalement se refuse à la mise en jeu totale, à la dépense absolue, et se crée un abri :

> « Le calme d'un couvent, l'ascèse, la paix du cœur se proposent à ces malheureux que hante le souci d'un abri. Aucun abri n'est imaginable pour toi. L'alcool et le désir abandonnent aux violences du froid. » (*All.*, in *O.C.*, t. 5, 402)

Cependant cette absence d'abri, cette absence de Dieu et de salut ne sont pas pour Bataille légitimation d'une licence ou d'un hédonisme sans frein (du genre « si Dieu n'existe pas, tout est permis ! »). Il s'agit d'une dépossession qui est déchirure, mise en jeu d'une volonté nue, volonté que Bataille appelle « volonté de chance [6] ».

L'érotisme pour Bataille n'est pas licence effrénée, mais solitude, silence, affrontement avec l'excès, c'est-à-dire avec la mort. La nudité, la mise en jeu que requiert l'érotisme sont présence et affrontement de la peur, de la mort, d'autrui.

> « Nul ne saurait nier qu'un élément essentiel de l'excitation est le sentiment de perdre pied, de chavirer. L'amour n'est pas ou il est en nous *comme la mort*, un mouvement de perte rapide, glissant vite à la tragédie, et ne s'arrêtant que dans la mort.
> « (...) Mais où d'autres voient l'enlisement, je vois la souveraineté de la chance. » (*Er.*, 10/18, 262 et 273)

Non pas un hédonisme facile et béat, mais la conduite jusqu'au bout, c'est-à-dire dans l'angoisse et la chute, de la volonté de mise en jeu, du mouvement de perte, de la volonté de chance.

« (...) cette expérience elle-même a sa discipline. En tout cas, cette discipline est d'abord contraire à toute forme d'apologie verbeuse de l'érotisme. J'ai dit que l'érotisme était silence, qu'il était solitude. » (*Er.*, 289)

Bataille refuse l'ascèse en tant qu'elle est moyen extérieur, contrainte liée à un avenir, à un projet (c'est-à-dire à une ontologie), mais ne refuse pas une méthode (une des parties de la *Somme athéologique* est intitulée *Méthode de méditation*). Simplement, Bataille ne rattache pas la méthode à une extériorité, référence ou lendemain, ce qui serait encore une méthode par défaut (l'avenir indiquant une insuffisance du présent, un manque de la part de l'instant...), une méthode par privation (pour atteindre cet avenir je dois choisir, donc exclure). Il s'agit d'une méthode proche de celle proposée par Nietzsche, évoquée dans le Zarathoustra.

Cette méthode est jeu de forces, épuisement et exacerbation des forces, transmutation des valeurs, morale du « sommet » et non du déclin, méthode de l'affirmation et non du ressentiment ou de la négation. Il s'agit de mettre en œuvre l'économie de la perte et de la dépense et non de la réserve et de l'épargne de soi. Ainsi est-il possible de concevoir une mise en jeu de la volonté qui soit chance et rire.

« Méthode signifie violence faite aux habitudes de relâchement. (...) La méthode est une nage à contre-courant. » (*C.*, in *O.C.*, t. 5, 265)

La méthode sera donc – contrairement à l'ascèse qui est restriction et privation, rabaissement des forces à un degré zéro, à un état neutre de non-tension – une exacerbation des forces, leur portée au point le plus intensif, le plus élevé. Et Bataille d'indiquer, « outre l'extase », cinq ouvertures pour la volonté de chance [7] :

– l'ivresse
– l'effusion érotique
– le rire

« Vous devez rire de moi
comme j'en ris moi-même. »
Nietzsche cité par Bataille dans *Mémorandum*.

– l'effusion du sacrifice
– l'effusion poétique

(et d'ajouter que cette liste ne saurait être complète, devant aussi comprendre la conduite héroïque, la colère, l'absurdité... entre autres).

Ainsi peut s'atteindre et s'accomplir l'opération souveraine. « Et seule importe l'intensité. »

La différence peut-être décisive entre expérience mystique et expérience intérieure est celle qui sépare la possibilité d'une transcendance de l'être et le refus de cette transcendance ainsi que de tout délai dans l'appréhension de l'être. L'expérience mystique repose sur la transcendance de l'être : la nuit, le non-savoir et le sujet de l'expérience lui-même sont à leur tour repris, transcendés par l'être qui les totalise et les accomplit. Pour Bataille, l'expérience repose sur un éclatement de l'être : l'être est donné dans un ruissellement, dans une infinité de possibles qui sont autant de points singuliers et immédiats. Aussi l'être est-il toujours disséminé, dérobé : l'être n'est nulle part !

« L'être est dans le monde si *incertain* que je puis le projeter où je veux – hors de moi. (...) L'être est *insaisissable*, il n'est jamais *saisi* que par erreur (...) L'être n'est *nulle part.* » (*E.I.*, 98)

L'expérience intérieure est cette expérience du ruissellement de l'être, d'un être qui n'est pas et n'a pas la vérité, expérience d'une fuite, d'une dérobade de l'être. Et – alors que le mystique peut orienter son expérience vers l'être transcendant, se raccrocher à lui... être qu'il ne peut pas saisir (voir plus haut le pseudo-Denys), mais par lequel il peut être saisi, dans lequel il peut s'évanouir – l'homme de l'expérience intérieure demeure après l'extase tel qu'avant : nu et suppliciant, séparé et solitaire. Et c'est à la fois pour lui l'angoisse, la supplication et aussi le rire comme issue, comme solution extrême.

« La nuit tombe, sans doute, mais dans l'exacerbation du désir. »
« Ce qui caractérise une telle expérience, qui ne procède pas d'une révélation, où rien non plus ne se révèle, est qu'elle n'apporte jamais rien d'apaisant. »
« J'appelle expérience un voyage au bout du possible de l'homme. » (*E.I.*, 19)

« Dans cette heureuse nuit, je n'apercevais rien pour me guider que la lumière qui brûlait dans mon cœur. »
« *J'étais dans les ténèbres et en sûreté.* (...) il y a ici une cause plus particulière pour laquelle l'âme qui est dans les ténèbres marche avec sécurité. (...) L'âme est pour ainsi dire placée là comme en traitement pour y recouvrer la santé qui est Dieu lui-même. » (Jean de la Croix, *la Nuit obscure*, in *op. cit.*, 620)

Si l'être n'est nulle part, c'est que – contrairement à ce qui est vécu dans l'expérience mystique – Dieu lui-même, s'il existe, ne saurait limiter l'homme dans l'expérience : c'est l'expérience même faite par l'homme qui est divine [8]. C'est-à-dire que l'expérience est à elle-même sa seule autorité. L'immanence absolue, l'être « sans délai », voilà ce qui caractérise l'expérience comme expérience de l'excès, de l'illimité, de ce que nous avons appelé « infini des possibles ». L'expérience des limites n'est pas elle-même limitée car elle renvoie à la transgression qui elle-même renvoie à nouveau à la limite. Il y a ici aussi un jeu de glissement, de ruissellement : si l'être n'est nulle part, rien ne peut épargner à l'homme l'expérience du dénuement ; si aucun être transcendant n'est là pour garantir un point d'arrêt, rien ne peut refuser à l'homme de parcourir inlassablement, jusqu'à épuisement des forces, à l'excès, tout le champ des possibles et de transgresser ainsi chaque limite rencontrée. La transgression ne supprime pas la limite, au contraire elle l'exige et la reconduit même, mais elle la déplace sans cesse, la déconstruit, la repousse. Et ce mouvement n'a ni fin ni but [9].

Enfin, si aucune totalité ou unité n'est garantie, si aucun référent n'est invocable, il ne reste que la singularité d'un désir qui va nomadisant dans le champ des possibles, se jouant sur le mode de l'affirmation pure, d'un coup de chance, et aussi du sacrifice, du supplice puisque l'être n'étant jamais atteint, la blessure toujours ouverte, l'homme est toujours dénudé.

L'histoire, l'avenir, le salut

> « Ainsi, l'état mystique est-il conditionné, communément, par la recherche du salut.
> (...) Les exercices d'un ascète sont *humains* justement en ce qu'ils diffèrent peu d'une besogne d'arpentage. Le plus dur est sans doute d'apercevoir à la fin cette limite : sans l'appât du salut (ou tout appât semblable), on n'aurait pas trouvé la voie mystique! » (*S.N.*, 55-56)

Ce que Bataille récuse en refusant toute possibilité d'avenir ou de salut, c'est à la fois une histoire (c'est-à-dire un langage qui soit adéquat à l'expérience, qui contienne et conditionne celle-ci : « (...) le souci de l'avenir au diable. (...) Je perds toute possibilité de *parler* » (*S.N.*, 56) ; mais aussi un travail au sein de cette histoire (toute notion d'effort, de moyen, de gain lié à la dépense etc.) [10].

Si l'expérience est le « voyage au bout des possibles de l'homme », si elle est immanence absolue, si elle se joue dans le non-savoir total, dans l'extase, elle ne saurait ni être reprise dans et par un avenir, ni avoir de référent dans son passé. Elle ne saurait donc s'inscrire dans une quelconque linéarité : elle reste une brisure, une faille dans l'ordre du linéaire. Elle ne saurait non plus supporter un travail, une mise en œuvre (qui requiert à la fois un but vers lequel la mise en œuvre s'achemine et un référent au nom duquel elle travaille et qui la justifie). Aussi, à la négativité hégélienne qui est travail, frayage, Bataille substitue une « négativité sans emploi [11] », à la mise en œuvre de moyens, la mise en jeu totale, sans réserve, la dépense en pure perte, la gratuité sans fond qui est consumation des forces et sacrifice [12].

L'expérience mystique, au contraire, est à la fois travail (mise en œuvre de moyens, ascèse, effort : voir les thèmes traditionnels du détachement, de la purification, de la mortification) et histoire, travail dans une histoire. En son amont comme en son aval, c'est une expérience qui connaît un double point d'arrêt qui est aussi son double point d'ancrage. En son amont, celui d'une Révélation (doublée, en ce qui concerne le christianisme, de l'Incarnation), celui aussi d'un corpus de textes (Bible, Coran) qui inaugurent une (nouvelle) histoire et se posent en référents originaires et éternels (le Christ comme Logos, Mahomet comme parole d'Allah) : soit une somme de textes qui sont plus que des textes (paroles divines), des hommes qui sont plus que des hommes (le Christ comme fils de Dieu, Mahomet comme prophète d'Allah) sont offerts à la fois comme lieux de la transcendance, points de récapitulation et points de départ, références premières ; en son aval : une manifestation qui est eschatologique, récapitulant l'histoire, lui donnant fin et sens, faisant tendre tous les efforts vers elle (parousie, résurrection), événement qui d'autre part résout et subsume toutes les questions, comblant la supplication du non-savoir (voir les thèmes chrétiens : le voile sera levé ; nous connaîtrons comme nous sommes connus). L'expérience mystique est donc instanciée sur une histoire linéaire référenciée et référentielle, qui possède un point zéro de son origine et le point oméga de son achèvement. Ainsi est-elle à la fois mémorial, répétition (du sacrifice du Christ, de la parole mahométane) et attente, tension vers son avenir comme sens (fin des temps, retour du Christ, paradis).

L'expérience mystique peut donc intégrer le non-savoir sans trop de difficulté ni d'angoisse. Un moment viendra où celui-ci sera renversé, relevé en savoir absolu. Elle doit même le considérer comme une nécessité, le passage obligatoire, le stade nécessaire, mais d'une nécessité transitoire. Le mystique ne demeure pas dans le non-savoir « résolument » comme le fait Bataille. Il a une double référence qui lui permet une espérance, une pacification. Son expérience est, en son en deçà comme en son au-delà, assurée de trouver un sens et une justification (d'où ses efforts et sa paix). Le mystique ne sait

André Masson : « Il n'y a pas de monde achevé. »

Le tourbillon durable qui te compose se heurte
à des tourbillons semblables avec lesquels
il forme une vaste figure animée
d'une agitation mesurée. »
Sur Nietzsche.

pas, mais il sait pourquoi il ne sait pas, n'a pas à savoir : parce qu'un autre, le Tout-Autre, sait pour lui, détient le savoir absolu. Il peut donc admettre son non-savoir, s'en remettre à celui qui sait pour lui [13].

L'expérience de Bataille, elle, n'est insérée dans aucune histoire, aucun linéaire. Elle n'est ni mémorial ni attente, mais consumation des forces dans l'instant sans justification ni référence. Elle ne connaît ni passé ni avenir. Elle n'a de limite ni en son en deçà ni en son au-delà, mais se meut dans l'infini des possibles, transgressant sans cesse toute limite, étant hors-limite, illimitée. En son espace, en lequel elle se déplace sans cesse, ruissellement, jusqu'à épuisement des forces, tout point en vaut un autre sans qu'aucun puisse être récapitulatif ou référentiel. (En disant que tout point en vaut un autre, il faut comprendre cette proposition non comme une position éthique : tout acte en vaut un autre – ce que Bataille n'admettrait pas, il ne s'agit pas d'un gidisme! – mais d'une position d'être : l'être n'est nulle part, en tout point immanent.)

Il s'agit d'un espace éclaté, pluriel, sans unité, sans références. Espace nocturne, d'une nuit qui n'est pas simple moment provisoire, mais état fondamental. Et en cette nuit, la question posée demeure sans réponse, sans possibilité d'un avenir qui lui donne une issue.

> « Dans l'expérience, il n'est plus d'existence limitée. (...) Le domaine de l'expérience est tout le possible. »
> « (...) je ne puis concevoir ma vie désormais, sinon clouée à *l'extrême du possible.* » (*E.I.*, 40-41 et 51)

Il n'est plus question dès lors de pacification, d'une attente, d'un espoir. L'expérience intérieure est désespoir, supplication sans fin, expérience du pal (« clouée »).

> « (...) je saisis en sombrant que la seule vérité de l'homme, enfin entrevue, est d'être une supplication sans réponse. » (*E.I.*, 25)

Le non-savoir est pour Bataille à la fois inévitable et intolérable. État de nudité qui met tout l'homme en jeu, sans possibilité de s'en remettre à un autre. Expérience du supplice, de la souffrance, déchirure qui va déboucher paradoxalement sur le rire comme seule issue au désespoir, et sur la communication comme conséquente à l'immanence absolue et seule issue à la solitude.

« (...) ta vie ne se borne pas à cet insaisissable ruissellement intérieur ; elle ruisselle aussi au-dehors et s'ouvre incessamment à ce qui s'écoule ou jaillit vers elle. » (*E.I.*, 111)

Le supplice, l'extase, la communication

S'il n'y a pas d'espoir, pas d'issue, si aucune transcendance ne vient garantir la présence de l'être en un lieu déterminé, et aucun savoir combler le non-savoir, il n'y a pas d'échappatoire à la solitude et à l'angoisse. Reste donc à s'installer résolument dans l'angoisse, à l'accueillir comme un possible jusqu'à ce qu'elle devienne chance et permette le rire, le dérisoire, jusqu'à ce que la solitude se retourne en communication, en ouverture illimitée. Il s'agit d'un « supplice », comme dit Bataille, mené jusqu'à son extrême limite qui est, paradoxalement, de n'en point avoir.

« La totalité est en moi cette exubérance : elle n'est qu'une aspiration vide, un désir malheureux de se consumer sans autre raison que le désir même – *qu'elle est tout entière* – de brûler. C'est en cela qu'elle est l'envie de rire que j'ai dit... » (*S.N.*, 18)

L'angoisse conduite jusqu'à son extrême devient souveraineté de l'être, et la souveraineté c'est l'envie de rire, le foudroiement de la chance.

Il y a ici analogie possible entre le « supplice » vécu dans l'expérience intérieure et celui expérimenté par les mystiques, qui joue en eux comme l'exercice du désir. L'expérience mystique et l'expérience intérieure ont en commun la déchirure de l'être et du sujet, la brûlure qui consume le sujet, supplice qui est le lieu de sa perte, de son angoisse, mais aussi de sa plus haute jouissance.

« (...) dans l'extrême du possible, tout s'effondre. » (*E.I.*, 52)
« Brûler sans répondre à quelque obligation morale, exprimée sur le ton du drame, est sans doute un paradoxe. (...)
Si nous cessons de faire d'un état brûlant la condition d'un autre, ultérieur et donné comme un bien saisissable, l'état proposé semble une fulguration à l'état pur, une consumation vide. (...)
Ainsi s'exprime une exigence qui ne vise aucun *bien* saisissable et consume pour autant celui qui la vit. » (*S.N.*, 12 et 14)
« Le sommet répond à l'excès, à l'exubérance des forces. Il porte au maximum l'intensité tragique. Il se lie aux dépenses d'énergie sans mesure, à la violation de l'intégrité des êtres. » (*S.N.*, 42)
« Ces aspects de déchirure extrême qui frappent dans l'oraison au pied de la croix ne sont pas étrangers aux états mystiques non chrétiens. Le désir est chaque fois l'origine des moments d'extase, et l'amour qui en est le mouvement a toujours en un point quelconque l'anéantissement des êtres pour objet. (...) La transe mystique, de quelque confession qu'elle relève, s'é-

« Souvent, à l'improviste, voici un désir qui surgit, je ne sais comment. De ce désir qui, en un instant, pénètre l'âme tout entière, naît une douleur qui la transporte bien au-dessus d'elle-même et de tout le créé. Dieu la met alors dans une séparation si universelle de toutes les créatures, qu'au milieu de sa plus cruelle souffrance, il n'y a plus, lui semble-t-il, personne pour elle sur la terre. Au reste, elle ne veut point de compagnie et n'aspire qu'à mourir dans cette solitude. Qu'on lui parle et qu'elle-même se fasse toute la violence possible pour répondre, peine inutile : elle a beau faire, elle ne peut s'arracher à cette solitude. »

« En cet état, l'âme semble résider non plus en elle-même, mais au faîte d'elle-même et de tout le créé. Je dis plus, c'est au-dessus de la partie la plus élevée d'elle-même qu'elle paraît habiter alors. »

« ... l'âme semble réellement dans un état où elle ne reçoit puise à dépasser la limite de l'être. Sa brûlure intime, portée à l'extrême degré de l'intensité, consume inexorablement tout ce qui donne aux êtres, aux choses, une apparence de stabilité, tout ce qui rassure, aide à supporter. » (*S.N.*, 53)

« (...) le sommet n'est à la fin que l'inaccessible. Il se dérobe à nous, du moins dans la mesure où nous ne cessons pas d'être hommes : de parler. » (*S.N.*, 57)

« Je survis ne pouvant rien *faire* à la déchirure, en suivant des yeux cette lueur qui se joue de moi. » (*S.N.*, 113)

« A ce moment, l'élaboration n'est plus nécessaire, elle est faite ; c'est aussitôt et du ravissement lui-même que j'entre à nouveau dans la nuit de l'enfant égaré, dans l'angoisse, pour revenir plus loin au ravissement et ainsi sans autre fin que l'épuisement, sans autre possibilité d'arrêt qu'une défaillance.
C'est la joie suppliciante. » (*E.I.*, 68)

aucune consolation, ni du ciel qu'elle n'habite pas encore, ni de la terre, qu'elle n'habite plus (...). Elle est donc comme crucifiée entre le ciel et la terre (...) »

« (le second) qui lui vient du ciel... donne à ses désirs un tel degré d'intensité que, par moments, l'excès de la douleur lui fait perdre la connaissance (...) C'est un martyre à la fois délicieux et cruel. »

« (...) une fois livrée à ce supplice, elle voudrait y passer ce qui lui reste de vie. » (Thérèse d'Avila, *Ma vie*, in *op. cit.*, t. 1, 182, 183, 184)

Ce supplice, cette déchirure se vivent dans l'effroi, la solitude (« la nuit de l'enfant égaré »), mais en même temps dans l'extrême de la jouissance et du désir comblé. Cependant, le supplice, malgré des similitudes d'expression, est sensiblement différent dans les deux expériences mystique et intérieure.

Pour le mystique, le supplice n'est pas clos sur lui-même. Il n'est encore que passage, épreuve, purification... Il est la marque de son « imperfection » en tant qu'être par rapport à l'être, de son éloignement d'avec Dieu, de sa différence de nature d'avec celui qui est le vrai sujet et l'objet véritable de l'expérience. Il ne peut donc conduire le mystique qu'à désirer la mort (« je meurs de ne pas mourir » crie Thérèse), l'évanouissement en ce Dieu qui est la perfection et la plénitude d'être, qu'à souhaiter sa ressemblance avec Dieu, et donc – corollairement – à refuser le monde et à fuir son corps. Pour Bataille, toute transcendance, toute plénitude d'être est inadmissible, partant tout face à face aussi ! Le seul sujet de l'expérience, c'est le sujet qui fait celle-ci : sujet qui n'a pas à fuir son corps mais à le vivre jusqu'à ses plus extrêmes possibilités. L'expérience intérieure ne débouche donc pas sur une fuite, un refus, encore moins sur la « mutilation » que Bataille reproche aux mystiques, mais, au contraire, sur l'illimité de l'homme, sur l'infini de ses possibles : poésie, amour, érotisme, ivresse, souillure, tout doit se vivre jusqu'au bout, c'est-à-dire dans l'excès, cet excès qui est connu et vécu à son maximum d'intensité dans l'expérience. C'est-à-dire aussi dans le mouvement de transgression : non comme principe provocateur d'une anti-morale, mais comme conséquence de ce qui est également vécu dans l'expérience ; à savoir un dépassement, un éclatement des limites, une entrée dans l'illimité, dans l'immanence, à la merci d'un coup de chance.

Le face à face étant exclu, la transcendance évacuée, l'expérience débouche ainsi :

– d'une part sur une conception de l'homme comme « homme entier », non mutilé, affirmateur (« le voyage au bout des possibles »),

– d'autre part, sur une conception de la communication en tant que refus de l'homme isolé, du sujet individuel, clos, fermé sur son expérience (tout m'ouvre à tout [14]).

« Par " négation du néant ", je n'envisage pas quelque équivalence de la négation hégélienne de la négation. Je veux parler de " communication " atteinte sans que l'on ait d'abord posé la déchéance

I

Le jeu de Paume

ou le crime. Immanence signifie " communication " au même niveau, sans descendre ni remonter... »

« Un principe fondamental est exprimé comme suit : la " communication " ne peut avoir lieu d'un être plein et intact à l'autre : elle veut des êtres ayant l'être en eux-mêmes *mis en jeu*, placé à la limite de la mort, du néant : le sommet moral est un moment de mise en jeu, de suspension de l'être au-delà de lui-même, à la limite du néant. » (*S.N.*, 163 et 44)

Ce qui fonde pour Bataille la communication, ce n'est pas le passage par un troisième terme entre l'autre et le sujet, ce n'est pas l'intermédiaire d'une tierce existence – Dieu dans le discours théologique – puisque pour lui il n'y a pas d'intermédiaire, pas de médiation, mais une expérience immédiate de l'immanence totale. Ce qui fonde la communication, c'est un double jeu entre un certain homogène et une expérience de l'hétérogénéité que fait le sujet lorsqu'il accepte la mise en jeu de l'expérience et va jusqu'au bout de sa perte. L'homogénéité, c'est le ruissellement de l'être dans l'infini de ses possibles, c'est aussi l'immanence comme totale, c'est l'expérience d'un certain continuum qui n'est pas la totalité hégélienne ou une unité imposée du dehors à l'être, mais qui est ce « tourbillon durable qui le compose (et) se heurte à des tourbillons semblables avec lesquels il forme une vaste figure animée d'une agitation démesurée » (*E.I.*, 111). Puisqu'il n'y a pas d'être, pas de transcendance, il ne peut demeurer que ce ruissellement de l'être en toutes choses, sans limites assignables, jeux de forces et de différences d'intensité.

Si Bataille défend l'idée d'un continuum, ce n'est pas par désir de totalisation, mais par opposition à toute philosophie de l'individualité : l'expérience est celle qui ouvre le sujet aux autres sujets, faisant éclater par là l'idée d'un ego clos sur lui-même, enfermé dans son dire ou ses pensées. Le continuum c'est – non pas une hypostase de l'être ou de l'un – mais la continuité du ruissellement et des glissements d'un sujet à un autre qui permet et ouvre la communication :

← Couvertures des cahiers d'écolier
sur lesquels Bataille a rédigé
Histoire de l'œil. →

Page de faux-titre du manuscrit portant mention des indications typographiques : la composition fut sans doute faite d'après le manuscrit lui-même. →

Lord Auch

Histoire de l'oeil.

~~[illegible]~~ ~~[illegible]~~

à composer sur corps 12 Didot – 25/12

livrable le 12 mai

29 lignes à la page + folio en bas et au milieu

chapitres en belle page

13 ligne au chapitre

« J'entends par *continuum* un milieu continu qu'est l'ensemble humain, s'opposant à une représentation rudimentaire d'*individus* insécables et décidément séparés. »

« JE NE ME SÉPARE EN RIEN DE L'HOMME EN GÉNÉRAL ET PRENDS SUR MOI LA TOTALITÉ DE CE QUI EST. » (*M.M.*, in *O.C.*, t. 5, 195)

Et cependant le sujet fait aussi, de par son expérience, arrêt, rupture, déchirure dans cette homogénéité. Il est le lieu d'une certaine hétérogénéité, d'un « point d'arrêt favorable » au rejaillissement, c'est-à-dire au redoublement de la continuité. Il ne s'agit donc pas d'un mouvement dialectique dedans/dehors, sujet/monde, etc., mais d'un jeu de forces : ruissellement généralisé de l'être, point d'arrêt du sujet qui fait brèche et césure, rejaillissement excessif de la continuité [15].

Le point d'arrêt est donc provisoire, c'est une singularité et non la constitution d'un ego enfermé sur lui-même. Il n'a de fonction que de redoubler l'expérience de l'illimité. Mais il est aussi lieu du supplice parce que, en ce point, c'est pour le sujet la brusque et totale mise en jeu : sans fin ni issue, dans le non-savoir de ce qui – n'ayant pas de limites – n'a pas de référence. Mis en jeu, le sujet s'ouvre à la totalité de l'être (et donc aux autres sujets) : c'est la *communication*.

« Je ne suis et tu n'es, dans les vastes flux des choses, qu'un point d'arrêt favorable au rejaillissement. » (*E.I.*, 112)

C'est donc le glissement qui est le principe de la communication (et non une décision autonome du « sujet »). Et le glissement, c'est l'affirmation (non positive) posée par le sujet, qui n'affirme rien de précis (ce qui serait nier la généralité et la totalité, et se limiter), mais se met totalement en jeu. C'est parce que la mise en jeu est précisément sans réserve (ne réservant même pas, surtout pas, la possibilité d'un ego constitué et définitif) et qu'elle n'est ni positive ni négative mais qu'elle embrasse le champ de tout le possible, qu'elle peut être à la fois une expérience de l'homogénéité la plus homogène (le continuum) et de l'hétérogénéité la plus absolue (le point d'arrêt, la césure). Les singularités supposent un jeu de forces qui les font s'ouvrir les unes aux autres mais ce jeu de forces, dans la mesure où il n'est pas une totalité donnée a priori ou une unité systémique, suppose en retour des singularités hétérogènes.

Il ne faudrait donc pas comprendre le continuum de Bataille comme le recours à une unité originaire ou à une unification terminale s'inscrivant dans un procès de type dialectique (comme récapitulation et synthèse). L'homogénéité du continuum, c'est pour Bataille l'absence de toute différence : « cette différence que nous approfondissons comme une plaie n'est qu'un *continuum* perdu (*M.M.*, 195 n.), l'au-delà de toute différence, ce qui s'atteint dans l'expérience qui, étant mise en jeu sans réserve et perte absolue, affirme tout et ignore toute différenciation. Au-delà qui est expérimenté comme au-delà de toute limite, comme transgression permanente et sans fin plus que comme retour à une origine perdue et unificatrice! Et pourtant (car chez Bataille, on ne sort jamais de l'ambivalence) l'expérience est aussi le lieu de la différence totale, absolue, irrémédiable : solitude exacerbée du sujet qui se perd, entrée dans l'Impossible, dans l'espace d'une infinie transgression qui rompt avec toute certitude. Le sujet expérimente en même temps l'infini des possibles, l'immanence de l'être... et l'impossibilité d'embrasser tout l'être, la présence de limites repoussées mais toujours reconduites. L'homme « entier » est finalement impossible à réaliser et seul l'homme « entier » vaut d'être réalisé : c'est l'Impossible nécessaire, ou encore, la déchirure, la nuit de l'enfant égaré, la joie suppliciante!

Au moment même où il fait l'expérience d'un au-delà de la différence, le sujet connaît aussi la différence radicale. Car l'être n'est nulle part, il n'est que ce glissement furtif, cette hâte du désir exacerbé qui ne saisit rien et retombe dans la nuit, où la différence est sans issue, sans recours, désespérante. La communication, c'est cette dérobade de l'être entre deux êtres : il ne s'agit pas d'un discours sur la présence ou sur l'être, mais d'un discours sur la différence entre deux présences : celle de l'infini de l'être, celle de l'être limité ; celle du continuum s'écoulant sans cesse, celle du point d'arrêt qui crie au milieu du flux. Ce qui est silence, impossibilité d'être belle page

I

L'œil de chat] romain de 12 cap.

—

J'ai été élevé très seul et aussi loin que je me rappelle, j'étais angoissé par tout ce qui est sexuel. J'avais près de seize ans quand je rencontrai une jeune fille de mon age, Simone sur la plage de X. Nos familles se trouvant une parenté lointaine, nos premières relations en furent précipitées. Trois jours après avoir fait connaissance, Simone et moi, nous nous trouvions seuls dans sa villa. Elle était vêtue d'un tablier noir avec un col blanc empesé. Je commençais à me rendre compte qu'elle partageait l'anxiété que j'avais en la voyant, anxiété d'autant plus forte ce jour-là que j'espérais que, sous ce tablier, elle était entièrement nue.

Elle avait des bas de soie noire qui montait jusqu'au dessus du genou mais je n'avais pas encore pu la voir jusqu'au cul (ce nom que j'ai toujours employé avec Simone est de beaucoup pour moi le plus joli des noms

Frontispice d'André Masson pour l'édition originale d'*Histoire de l'œil.*

dit ou écrit, annulation de tout langage, le discours devenant invalide devant l'Impossible. Impossible langage, nécessaire discours, silence impossible, silence nécessaire : « Écrire n'est jamais plus qu'un jeu joué avec une réalité insaisissable » (*C.*, 284).

On retrouve là l'expérience mystique, elle aussi expérience d'un « ineffable », du silence comme seul discours, de la souveraineté silencieuse. La souveraineté, c'est la véhémence de l'Impossible! La communication exige du sujet qu'il se mette en jeu absolument, se plaçant donc à la limite de la mort, du néant [16]. L'expérience, à la fin, ne provient de rien, ne signifie rien, ne se soutient de rien, ne se rapporte à personne : elle est sa seule autorité.

« Entré dans des contrées insoupçonnées, je vis ce que jamais des yeux n'avaient vu. Rien de plus enivrant : le rire et la raison, l'horreur et la lumière devenus pénétrables... il n'était rien que je ne sache, qui ne soit accessible à ma fièvre. Comme une insensée merveilleuse, la mort ouvrait sans cesse ou fermait les portes du possible. Dans ce dédale, je pouvais à volonté me perdre, me donner au ravissement, mais à volonté je pouvais discerner les voies, ménager à la démarche intellectuelle un passage précis. L'analyse du rire m'avait ouvert un champ de coïncidences entre les données d'une connaissance émotionnelle *commune* et *rigoureuse* et celles de la connaissance discursive. Les contenus *se perdant les uns dans les autres* des

« Une fois mon âme fut ravie, je voyais Dieu dans une clarté supérieure à toute clarté et dans une plénitude supérieure à toute plénitude. Et là, où j'étais je ne voyais pas l'amour. Je perdis même celui que je portais et fut faite le non-amour. Après cela je vis Dieu dans une ténèbre, parce qu'il est un Bien au-dessus de tout ce qui peut être imaginé ou compris et parce que rien de ce qui peut être pensé ou compris ne l'atteint ni même ne l'approche. Alors il me fut donné une foi parfaitement sûre, une espérance parfaitement ferme, une certitude continue de Dieu qui m'enleva toute crainte. Et dans ce Bien qui m'apparut dans la ténèbre, je me recueillis tout entière.

(...) Mon âme ne voit rien que la bouche ou le cœur puisse

diverses formes de dépense (rire, héroïsme, extase, sacrifice, poésie, érotisme ou autres) définissaient d'eux-mêmes une loi de *communication* réglant les jeux de l'isolement et de la perte des êtres. La possibilité d'unir *en un point précis* deux sortes de connaissances jusqu'ici ou étrangères l'une à l'autre ou confondues grossièrement donnait à cette ontologie sa consistance inespérée ; tout entier le mouvement de la pensée se perdait, mais tout entier se retrouvait, en un point où rit la foule unanime. »

« (...) cette expérience née du non-savoir y demeure décidément. Elle n'est pas ineffable, on ne la trahit pas si l'on en parle, mais aux questions du savoir, elle dérobe même à l'esprit les réponses qu'il avait encore. L'expérience ne révèle rien et ne peut ni fonder la croyance ni en partir. »

« M'ouvrant à l'expérience intérieure, j'en ai posé par là la valeur, l'autorité. » (*E.I.*, 11, 15 et 18)

« (...) au moment où le sujet se perd dans la contemplation, l'objet, le dieu ou Dieu, est la victime agonisante. » (*C.*, 283)

raconter ; elle ne voit rien et elle voit absolument tout. Et rien de ce qu'elle peut décrire ou même concevoir ne peut retenir mon espérance ; j'ai mis mon espoir dans un Bien secret, infiniment secret, que je comprends dans cette immense ténèbre. Et si ce Bien m'apparaît dans la ténèbre, c'est qu'il surpasse tout bien, absolument tout le reste n'est que ténèbre. (...) Toutes les paroles qui me sont venues de Dieu sont tellement inférieures au Bien que je vois dans l'immense ténèbre que je ne mets pas en elle mon espoir. Et si par impossible tout m'avait trompée, mon espérance serait la même, mon espérance serait très sûre parce qu'elle est fondée sur ce Tout-Bien que je vois dans l'immense ténèbre. (...) On m'a interrogée sur cette ténèbre, il m'a semblé que l'on blasphémait. Quand j'ai entendu et quand j'ai répondu, mes paroles m'ont rendue malade. Dans cette ténèbre, je ne me souviens d'aucun être humain, ni de l'Homme-Dieu ni de rien qui soit visible. Et cependant je vois tout. » (Angèle de Foligno, *Visions et Révélations*, trad. R. Christoflour, éd. du Soleil levant, Namur 1958, 107-110)

Le sujet, le rire

Dans l'expérience intérieure comme dans l'expérience mystique, le sujet est à la fois celui de la *faille*, de la blessure, et celui de la jouissance, du rire. Sujet qui n'est pas le sujet cartésien enfermé dans son discours, limité par une ratio qui le soutient et qu'il habite, sujet qui ne se pense que clos : réflexivement et discursivement. C'est au contraire le sujet éclaté, parcourant tout le champ des possibles, sujet pillard et sujet rieur ; sujet scindé aussi, marqué par son expérience qui le fend et le refend, sujet dont le discours est impossible parce qu'il dérobe aux questions du savoir les réponses mêmes que ce dernier possédait encore ! Sujet qui se met en jeu dans un au-delà du discours, au-delà de toute ratio, sujet qui va nomade au gré du désir. A la fois désirant et supplicié — « séparé » dit Bataille.

« J'entre dans un cul-de-sac. Là toute possibilité s'épuise, le possible se dérobe et l'impossible sévit. Être face à l'impossible – exorbitant, indubitable – quand rien n'est plus possible est à mes yeux faire une expérience du divin ; c'est l'analogue d'un supplice. » (*E.I.*, 45)

« L'âme ne fait rien pour souffrir de cette blessure que cause en elle l'absence de son Dieu ; mais on lui enfonce de temps en temps un dard qui pénètre au plus vif de ses entrailles et lui transperce le cœur. Elle ne sait plus alors ni ce qu'elle veut ni ce qu'elle a. » (Thérèse d'Avila, *Ma vie* in *Œuvres complètes*)

« L'âme sent qu'elle a été blessée d'une manière ineffablement suave. Mais elle ignore qui l'a blessée et comment elle l'a été. Elle voit que cette blessure est un don précieux et elle voudrait ne jamais en guérir. » (Thérèse d'Avila, *Moradas*, in *Œuvres complètes*)

Dans les deux expériences, le sujet se constitue à partir de cette faille, de l'altération de lui-même : sujet altéré qui va s'altérant. Le lieu même qui l'engendre et le constitue est aussi le lieu qui l'évanouit et le retire. Le lieu de son émergence est en même temps le lieu de sa négation : d'où un sujet déchiré, intimement blessé et fracturé [17].

Mais s'il en va d'un sujet du désir dans les deux expériences, il n'en va pas du même travail de ce désir en chacune d'elles. Les deux expériences intérieure et mystique se distinguent par le régime du désir qui travaille en elles. Le désir dans l'expérience mystique est un désir-manque, qui est raccroché à un autre désir, au désir du Tout-Autre (de même que le non-savoir mystique se raccrochait au savoir du Tout-Autre), désir qui comble le mystique en se désirant en lui. C'est un autre qui se désire dans le corps du mystique et qui parle en lui de désir (on retrouve ici le même travail d'un certain référent, extérieur au sujet, transcendant son expérience et lui donnant sens). Aussi le mystique peut-il accepter paisiblement son anéantissement, le travail du négatif en lui : un autre le comblera et lui redonnera sa pleine jouissance.

Au contraire le désir dans l'expérience intérieure ne se comble pas à partir d'une extériorité. Il n'a aucun autre lieu que lui-même : le corps du sujet, son texte, sa vie, sur lequel s'instancier pour mieux « supporter » le négatif. Là encore, le sujet est seul, sans référence, dans l'absolu de l'immanence. Aussi le désir n'est-il ni évanoui ni paisiblement contenu, mais bien exacerbé. Il s'agit d'une négativité qui est poussée jusqu'à l'extrême de son travail et même jusqu'au point où elle n'opère plus aucun travail, où elle n'est plus que négativité vide, absolue, « sans emploi ». Le désir est ce qui parcourt l'infini du champ des possibles, tendant toujours à l'Impossible, en revenant toujours aux possibles multiples : les désirant tous (poésie, érotisme, souillure, débauche), n'en possédant aucun, jamais comblé, jamais en repos. Il s'agit d'un désir dépossédé, d'un désir sans trêve ni issue – d'un désir vécu dans l'angoisse de l'immanence.

Tous les textes *littéraires* de Bataille nous l'indiquent [18] : le désir, dans l'expérience intérieure, est désir qui se met totalement en jeu, dans la dépense, visant à l'opération souveraine et se vivant comme (volonté de) chance.

« L'être ouvert – à la mort, au supplice, à la joie – sans réserve, l'être ouvert et mourant, douloureux et heureux, paraît déjà dans sa lumière voilée : cette lumière est divine. Et le cri que, la bouche tordue, cet être, en vain? veut faire entendre, est un immense alléluia, perdu dans le silence sans fin. » (*Mme Ed.*, éd. 10/18, préface)

Dans le silence sans fin, le sujet est totalement ouvert et rit.

« Mon angoisse est enfin l'absolue souveraine. Ma souveraineté morte est à la rue. Insaisissable – autour d'elle un silence de tombe – tapie dans l'attente d'un terrible – et pourtant dans sa tristesse se rit de tout. » (*Mme Ed.*, 3)
« Le rire est plus divin, et même il est plus insaisissable que les larmes. » (*Ma mère*, éd. 10/18, 43)

La souveraineté ne débouche donc pas sur une totalité de sens, sur une maîtrise du monde, mais sur un grand mouvement *comique*. Là se séparent Bataille et Hegel. Le rire est ce moment où toute dialectique est excédée, tout discours outrepassé. Le rire est « une figure d'expérience » (Derrida) et non un objet de discours ou une figure de dialectique. Il est ce moment de la dépense où rien n'est plus possible, où le sujet a atteint le point dernier de sa perte : ni le discours, ni la pensée, ni l'histoire ni aucun sens ne peuvent rendre compte du moment insaisissable où tout est dérobé.

« Le rire seul excède la dialectique et le dialecticien : il n'éclate que depuis le renoncement absolu au sens, depuis le risque de la mort. » (J. Derrida, « Un hégélianisme sans réserve », *l'Arc* n° 32)

Ce rire est un travail et l'issue d'un travail [19]. Comme travail il détourne et rend caduc tout le discours philosophique constitué, opposant les simulacres aux concepts, l'illimité aux limites, l'insaisissable à la saisie par la pensée. Comme issue d'un travail, il est le moment où l'expérience atteint sa plus haute intensité, où le sujet affronte le silence et la mort, et Bataille dit ainsi que c'est faire une expérience quasi divine que de rire.

Si le rire est ce qui naît de l'excès, s'il n'y a de rire que de l'excès, c'est que le rire c'est le risque pris par le sujet de se mettre en jeu jusqu'à la mort, jusqu'à l'affrontement avec la mort, le regard d'Orphée. En ce sens, le rire est contigu au moment de « l'absolu déchirement » ; il est le bruit que fait ce déchirement. Ce qui fait éclater de rire le sujet, c'est son propre et souverain déchirement quand le sujet se rend compte que ce déchirement est sans objet, sans issue, que la perte est véritablement en pure perte, que le non-savoir n'a pas de lendemain, que tout n'est que dépense et sacrifice. Alors naît le rire ! « opération souveraine », opération même de la souveraineté, vide, illimitée, nocturne. C'est le moment où l'expérience atteint son maximum d'autorité : et le rire est le moment où cette autorité s'expie.

Là encore se distinguent le mystique et l'homme de l'expérience intérieure : le mystique sourit, il ne rit pas ! Pour lui la souveraineté ne débouche ni sur l'excès ni sur le vide et tout reprend sens, plus grand sens même. Sa blessure est voulue, son déchirement souhaité et une issue se dessine pour lui. Sa perte n'a pas été en pure perte puisqu'un gain plus grand encore lui est accordé au bout du voyage. Pour le mystique, franchir la limite, ce n'est pas entrer dans l'Impossible, mais dans l'ineffable qui porte encore un nom cependant, ne serait-ce que « le Nom imprononçable ».

« En cela (dirait Bataille) je m'éloigne du mysticisme plus réellement que ne fait la masse de mes contemporains » (*M.M.*, 234).

L'excès, l'impossible

EXCÈS
– Différence en plus de deux quantités inégales
– Ce qui dépasse une limite ordinaire, une mesure moyenne
– Violences, outrages	Littré

« Dans le jeu excédant la nature, il est indifférent que je l'excède ou qu'elle-même s'excède en moi (elle peut être tout entière excès d'elle-même) mais, dans le temps, l'excès s'insère à la fin dans l'ordre des choses (je mourrai à ce moment-là). »	Bataille, *l'Impossible*

L'excès n'est pas un concept, ce n'est pas un pensable. C'est la *notion* qui assigne la limite où le pensable n'est plus pensable mais excédé, où le jugement se dérobe, défaille et se perd dans l'indifférence à tout jugement, où le sujet lui-même, le sujet surtout, s'évanouit sous le coup d'une blessure qui à la fois le fait crier (cri du désir, cri de la défaillance) et le rend silencieux (silence du discours, impossibilité de tout langage). L'excès est ce point où la philosophie n'est plus de mise, est, à proprement parler, dé-mise et doit céder, absorbée « au-dehors ». Elle achoppe ici devant l'Impossible, son impossible – elle qui ne pense et ne se pense que dans le possible. Échec : la pensée échoue, s'échoue dans l'excès [20]. L'excès termine et extermine la pensée.

« Même la pensée (la réflexion) ne s'achève en nous que dans l'excès. Que signifie la vérité, en dehors de la représentation de l'excès, si nous ne voyons ce qui excède la possibilité de voir, ce qu'il est intolérable de voir, comme, dans l'extase, il est intolérable de jouir? si nous ne pensons ce qui excède la possibilité de penser?
en note : « Je m'excuse d'ajouter ici que cette définition de l'être et de l'excès ne peut philosophiquement se fonder, en ce que l'excès excède le fondement : l'excès est cela même par quoi l'être est d'abord, avant toutes choses, hors de toutes limites. »
(*Mme Ed.*, préface, éd. 10/18, 9 et 12)

Il s'agit de penser l'impensable, de porter le possible aux limites de l'Impossible, et – comme le dit Bataille – « d'ouvrir les notions au-delà d'elles-mêmes », de « faire croître par dépense la conscience de soi qui n'est pas ». Mouvement qui n'a pas de fondement, qui ne porte pas une réflexion, mais au contraire est la dérobade de tout fondement – le sens, excédé, se dérobe – et la fuite de toute réflexion : l'entendement touche à son point d'éclatement, rassemblé en un point, il se dissémine à l'excès. Ni *arché*, ni *télos*, seulement un point : la tache aveugle [21].

← Bataille en 1961.

La tache aveugle

> « Il est dans l'entendement une tache aveugle : qui rappelle la structure de l'œil. Dans l'entendement comme dans l'œil on ne peut que difficilement la déceler. Mais alors que la tache aveugle de l'œil est sans conséquence, la nature de l'entendement veut que la tache aveugle ait en lui plus de sens que l'entendement même. » (*E.I.*, 129)

Ainsi donc, une insuffisance, difficilement décelable, un trou quelque part, mal assignable, sont tels qu'ils ont plus de « sens » que la suffisance et le plein qui les portent ; tels que la suffisance du discours et le plein, trop-plein de l'être, en sont amenés à se porter (à se déporter) vers ce qui les absorbe et les nie, vers l'indicible, l'aveugle, le non-décelable. Qu'est-ce qui fait ainsi basculer l'entendement vers ce qui l'excède? Qu'est-ce qui attire et fascine le discours pour qu'il aille vers sa perte? Qu'est-ce qui blesse et appelle le sujet jusqu'à la limite où il défaille? Bataille parle parfois d'un « dépassement intolérable ». Intolérable car, de fait, ce dépassement nie, engloutit ce qu'il dépasse, outrepasse la réflexion, mais aussi le sujet (celui de l'*ego-cogito*). Ce qui accède à l'excès, bascule dans l'excès, ce n'est donc ni ce sujet ni son discours dont au contraire l'excès sonne la perte, la dépense et l'éclatement. C'est bien l'excès qui accède à lui-même, qui va s'excédant par et de son mouvement même : excès d'excès toujours plus excessif. Le connu n'a pas de prise sur l'inconnu ; c'est l'inconnu qui absorbe le connu, lui fait lâcher prise en l'excédant. Mouvement nocturne : celui de la dépense de tout savoir, de la consumation du sujet, du non-savoir absolu, sans recours. L'entendement ici se dérobe, les concepts sont disséminés dans un éclat : l'éclat du rire qui naît de leur excès. Et le sujet chavire, blessé, altéré, marqué « en creux », sujet que l'excès met à nu, sujet qui va (se) jouer en excès et donc (se) risquer, risquer et jouer sa *chance* (le sous-titre du *Sur Nietzsche : Volonté de chance*), c'est-à-dire risquer sa perte et tenter sa souveraineté. Ce qui est bien, selon le mot même de Bataille, « atterrant ». Et également impensable, et tout d'abord pour la philosophie (ce en quoi, comme le dit Sollers, Bataille est « intolérable » pour les philosophes), puisqu'il s'agit « d'une région ultime de l'être, à laquelle la philosophie, de même que toute détermination humaine commune, n'accède que malgré elle » (*Sac.*, in *O.C.*, t. 1, 93).

Il ne faudrait (surtout) pas comprendre l'excès comme l'envers, l'avers ou le contraire d'une pensée du plein, du discours philosophique comme discours sur l'être. Il n'y a pas chez Bataille de dialectique ou de dualisme [22]. Cela supposerait, en effet, que – les contraires s'étant opposés – on puisse aboutir à une « réconciliation » (synthèse, *Aufhebung*, dépassement). Il n'y a jamais pour Bataille d'aboutissement : le non-savoir est sans trêve ni repos, le questionnement sans réponse ni issue, parce que le non-savoir est toujours plus ignorant, et que l'excès s'excède toujours plus lui-même. Sans repos, sans que rien soit « dépassé » parce qu'il n'y a rien à dépasser, parce que l'être n'est jamais ni atteint ni fui. (L'être n'est « nulle part »!) L'idée d'une réconciliation ou d'un double jeu des contraires qui trouverait quelque part une possibilité de ré-union ou conciliation est non seulement tout à fait étrangère à Bataille, mais dénoncée par lui. Car ce serait – en posant une possibilité unique, subsumante, unifiante — fermer l'infini des possibles, restreindre l'éclatement qu'est l'Impossible dans sa pluralité, masquer la faille, la fêlure. Il faut que la blessure demeure ouverte, que l'angoisse continue à requérir un impossible, que la faille se creuse et se recreuse, se marque et se re-marque, pour rien, pour la seule consumation vide, dépense en pure perte. La négativité bataillienne n'est pas celle qui produit un travail, mais celle qui se retourne sur elle, comme l'excès s'excède lui-même, en vain : négativité redoublée, sans emploi. On ne peut pas éviter la déchirure. Et cette déchirure, c'est l'ignorance de l'avenir, le dés-espoir face à toute tentative de réconciliation ou de relèvement *(Aufhebung)*, c'est le tout-ici-là-maintenant ; le refus de la disjonction qui aboutit au choix, la brisure de la linéarité dialectique qui sous-tend un sens ultime, une fin. Le mouvement de dépense est sans fin, hors-sens, consumation du sens et dérision des fins. Affirmation seulement, et non négation, et affirmation d'une hétérogénéité qui fait éclater toute linéarité, travaille tout procès dialectique, lui opposant la connexion vive, le et/et de l'immanence, soit :

– « Il faut le système ET il faut l'excès. »

– « Dieu est un porc. »

S'il y a une fin, c'est qu'à la fin tout s'épuise. Ce qui implique que l'excès est précisément l'épuisement au-delà de tout épuisement, le point limite où la limite se défait, qu'il est donc ce qui ne se *pense* pas, ne pourrait se penser qu'à partir de lui, lui qui ne pense pas, n'est pas pensable. En et par l'excès, tout fuit : il s'agit bien là d'une hétérogénéité radicale, d'une faille sans recours dans l'ordre du pensable. Quelque part il y a fêlure, déchirement et, comme dit Bataille, c'est cette fêlure qu'il faut *aimer* car c'est elle qui *porte* la communication. Rien ne vient au jour que déchiré.

« Il n'est pas d'être sans fêlure, mais nous allons de la fêlure subie, de la déchéance, à la gloire (à la fêlure aimée). » (*C.*, 259)

« Il y avait une fêlure silencieuse, imperceptible, à la surface, unique événement de surface comme suspendu sur soi-même, planant sur soi, survolant son propre champ. La vraie différence n'est pas entre l'intérieur et l'extérieur. La fêlure n'est ni intérieure ni extérieure, elle est à la frontière, insensible, incorporelle, idéelle. » (Gilles Deleuze, *Logique du sens*, éd. 10/18, 212)

La fêlure met fin à la différence ; elle est cette ligne frontière, qui fait communiquer l'intérieur et l'extérieur, le dicible et le non-dicible, elle est la communication. Mais la communication est alors déchirure, suspension. L'être qui communique est déchiré et suspendu.

La fêlure (s') installe à la frontière, sur le *limes* flou et ténu, imperceptible ; où l'excès va (s') excédant, survolant son propre champ en le redoublant, en le surexcédant, en en brouillant les limites. C'est là que le savoir bascule en non-savoir, englouti par ce non-savoir ; par la nuit. Là je perds pied! Littré dit « deux quantités inégales » : inégaux en effet, hétérogènes, le savoir et le non-savoir qui l'excède et l'absorbe. Transgression ou mouvement de rupture qui jouent de l'altérité et de la négativité et ouvrent l'accès à l'Illimite. Littré dit « point où se dépasse une limite ordinaire », se dépasse en effet, s'exterritorialise : l'extra-ordinaire, le dehors du sujet, le dehors du discours s'affirment. Le lieu – non-lieu où éclate le sujet (« je mourrai à ce moment-là ») –, la dépense éperdue de tout discours ou savoir, la consumation vertigineuse. Je perds haleine! Vertige : la jupe relevée d'Edwarda ; vertige l'alcool ingurgité dans *Ma mère* (la jupe relevée, c'est l'obscène, le hors-scène. La gorge qui boit confond l'extérieur et l'intérieur, la voix en est fêlée et le corps va au vertige). Perte, l'œil arraché du toréador. Éperdu, l'abbé C. Mais vertigineux aussi l'œil pinéal, l'anus solaire ou l'extase du dénuement. Car la fêlure est démesure, épuisement de toute mesure, extermination de toute équivalence, entrée dans l'outrepassement (transgression) des mesures. Littré dit « ce qui dépasse une mesure moyenne », soit de tout état zéro, de tout état neutre (*ne uter*, abaissement des tensions) et, au contraire, exacerbation des tensions, « aspiration extrême », où « seule importe l'intensité » portée à son plus haut point d'incandescence : dans l'orgie et la souillure mais aussi dans l'extase suppliciante, dans le sacrifice. Le plus haut point, le point intense. Littré dit « violences, outrages », soit les mots de dés-ordre :

- « un glissement vertigineux »,
- « l'illimité possible de la pensée »,
- le jeu, la chance,
- « une torsion de tout l'être tendu vers l'impossible »,
- « la vision déchirante de l'inintelligible »,
- la nudité, la dépossession.

Quand l'excès est atteint, quand s'atteint l'excès, rien ne peut plus se dire, ne peut plus se penser. Tout discours se perd, la pensée s'épuise, crucifiée/sacrifiée. Et c'est alors le rire qui seul est souverain :

Manuscrit de *l'Anus solaire.*

Je désire être égorgé en ~~violant~~
violant la fille à qui j'aurai
pu dire : tu es la nuit.

Le Soleil aime exclusivement
la Nuit et dirige vers la terre
sa violence lumineuse, verge ignoble,
~~[illegible]~~, mais il se trouve dans
l'incapacité d'atteindre le
regard ou la nuit bien que
les étendues nocturnes se dirigent
continuellement vers ~~[illegible]~~ l'immondice
du rayon solaire

x

L'*anneau solaire* est
l'anus intact de son corps à
dix-huit ans auquel rien
d'aussi aveuglant ne peut être
comparé à l'exception du soleil,
bien que l'*anus* soit la *nuit*.

> « J'échappe à la pesanteur en riant. Je me refuse à la traduction intellectuelle de ce rire : l'esclavage recommencerait à partir de là. » (*C.*, 251)

Il s'agit d'en passer par cette perte, d'accueillir cet épuisement, cette catastrophe. Il s'agit de poser la question (qui restera sans réponse) d'un possible qui est l'Impossible même, l'entrée dans l'Impossible comme infini des possibles et donc de leur extermination. Il s'agit d'une limite qui touche à l'Illimite et en est altérée, marquée. D'une limite qui frôle le point où plus rien ne limite : car ce qui limite l'excès, c'est encore l'excès, l'impensé de la pensée, sa « part maudite », son ultime sacrifice, le point où elle ne peut plus se penser qu'en défaillant. La tache aveugle est toujours là, imperceptible, ni intérieure ni extérieure, mais à la limite et en excès. Elle est, chez Bataille, comme le gage d'une « authenticité » passionnée, requise comme un impossible [23]. Elle est ce qui maintient le champ dissimulé, voilé ; ce qui blesse et altère le sujet. En la faille le savoir touche à son épuisement, se tache. Elle est ce non-lieu qui ne peut que rire dans la nuit et s'y désespérer ; où, à son tour, le sujet se dissout et connaît le rire dans l'angoisse. Un lieu à la fois éminemment singulier, éminemment hétérogène, et cependant éclaté, pluriel – où les concepts laissent place aux seuls simulacres, où ce qui est n'est que trace, pas déjà à demi effacé, air remué un instant par la flèche qui passe et qui foudroie. L'entendement éperdu, dépensé, laisse place à la dissimulation, à l'ambivalence irrésolue. Dans la dissimulation jouent le *dis* de ce qui est séparé, hétérogène (la faille, le cri) et le *simul* de ce qui est confondu, réversible, ensemble maintenu, refus de la disjonction : l'infini des possibles, l'affirmation, le continuum.

Et le discours lui aussi tombe à la faille, est troué et fuit de toutes parts. Discours en frontière qui s'échappe par de multiples lignes de fuite, à la frontière. Dit simulé, dit ambivalent : les signes jouent et s'involuent. Excédés, ils deviennent fous, mobiles, échangeables sans fin ni raison. Le sens étant épuisé, ne reste plus que cette circulation du rire, en surface. Ne reste plus que l'empire illimité du silence, souverain, affirmatif.

« Tout a lieu dans une pénombre ardente, subtilement privée de sens. (...) quelque chose de silencieux, de fuyant, qui exaspère et exalte. » (*C.*, 246)

Excès, disparition : la danse de l'aigle serpentaire

Le serpent sinue dans le sable sec *. Il cherche laborieusement sa voie, parcouru d'un frémissement qui le fait siffler de peur. Il pressent qu'une foudre va l'écraser dans sa chute brusque et imprévisible et il sait qu'il ne pourra pas l'éviter car il rampe. Rien dans ces sables ne le protégera. Rien sur son corps n'est fait pour le défendre. Et son sifflement – dans le désert où il est exposé – n'est entendu par personne.

Dans un violent bruissement d'ailes qui soulève les sables, fond sur lui l'aigle mortifère : qui ne le touche pas vraiment, ne se pose pas à terre entièrement. L'aigle danse au-dessus du serpent, les ailes encore déployées, le bec qui rit. Et cette danse est mortifère.

A la fin, la puissance du vent excède l'inertie des sables et la danse l'emporte – sans effort – sur la sinuosité travailleuse. Le serpent – avalé – disparaît dans le bec de l'aigle qui – souverain – reprend son vol à peine interrompu.

Ce que l'aigle serpentaire fait fondre sur le serpent est pareil à l'excès qui intervient comme un foudroyant coup de chance dans le discours sinueux et asséché de la philosophie. Le serpent-philosophe rampe dans le désert sans eau où il ne peut que siffler. L'excès lui échoit comme la foudre et l'engloutit dans une danse inaugurée dans le vent. L'Impossible prend possession du possible en le dépossédant ; les

* Reportage sur les aigles serpentaires vu à la Télévision (1er août 1976).

souffles célestes soulèvent les plages de sable neutre. La plongée de l'aigle est une fête souveraine et mortifère sur le champ à peine effleuré de la philosophie.

« Sombrant dans la philosophie, je tente de dire en des termes possibles ce que seule aurait le pouvoir d'exprimer la poésie qui est le langage de l'impossible. » (*Imp.*, in *O.C.*, t. 3, 514 n.)

« ... et s'il méprise le pain sec que la raison humaine, pourtant bien intentionnée, lui offre, c'est qu'il festoie secrètement à la table des dieux. » (Hölderlin, *Hypérion*, Gallimard, « la Pléiade » 1967, 203)

Vivre l'excès, c'est vivre cette surabondance jamais saisissable, jamais maîtrisable. Le trop-plein déborde toujours, et n'est jamais récupérable (s'il y a don, ce qui reste à montrer, il est pour rien, sans contre-don). L'aigle, envolé, ne rend rien aux sables désertiques. Vivre en excès, c'est paradoxalement disparaître aussi. Si je franchis le seuil – et l'excès est toujours au-delà du seuil, d'un seuil insaisissable – plus loin qu'au lieu où mes forces m'ont porté, plus loin que mon désir, je m'anéantis. Et tant que je ne suis pas anéanti, je suis encore dans ce qui peut être mesuré, augmenté. Vivre l'excès, c'est vouloir l'impossible, c'est vouloir vivre ce qui, au moment même où je l'atteins, m'anéantit. C'est vouloir et accepter ma perte. C'est attendre et désirer ma chance : le bec de l'aigle!

« Nous pouvons et même nous devons répondre à quelque chose qui, n'étant pas Dieu, est plus forte que tous les droits : cet impossible auquel nous n'accédons qu'oubliant la vérité de tous les droits, qu'acceptant la disparition. » (*Imp.*, 102)

Vivre l'excès, c'est paradoxalement désirer jusqu'au renoncement. Renoncement qui n'est évidemment pas purification, dépouillement, ascèse, mais suprême *insouciance*. Insouciance de qui ne veut rien garder, rien conserver, rien sauver (consumation, mort violente, défi). Insouciance de qui vit « là où cessent tous les degrés » (Nietzsche). Mais là « où cessent tous les degrés », ce qui jusque-là avait cours (valeur) n'a plus cours (hors-valeur, ambivalence) : le travail, la morale, la raison sont au plus haut point refus de l'excès, contrainte, limite, ordonnance, en vue d'un bien futur, d'un gain, d'une réserve ou d'une valeur. Ce n'est jamais le tout – tout de suite.

> « La totalité est en moi cette exubérance : elle n'est qu'une aspiration vide, un désir malheureux de se consumer sans autre raison que le désir même – *qu'elle est tout entière* – de brûler. C'est en cela qu'elle est l'envie de rire que j'ai dit, ce prurit de plaisir, de sainteté, de mort... Elle n'a pas de tâche à remplir. » (*S.N.*, 18)

N'ayant pas de tâche à remplir, de fonction à exercer, l'Impossible n'a rien à dire non plus. Il n'y a pas de morale de l'Impossible, pas de philosophie de l'Impossible. Comment penser la tache aveugle ? Comment dire le point où tout dire, toute réflexion justement s'arrêtent ? L'homme entier ne peut pas plus agir qu'il ne peut (se) penser. Seule compte la véhémence de son affirmation, l'intensité de sa défaillance. Il n'existe qu'en disparaissant, qu'en sombrant. « Je meurs de ne pas mourir » mais, mourant, je nais à la souveraineté !

> « Il est fou de vouloir éviter l'horreur de la perte. Le désir appelle l'horreur possible – à la limite de l'intolérable. Il s'agit d'approcher la mort d'aussi près qu'on peut l'endurer. Sans défaillir – s'il le faut, même en défaillant. » (*C.*, 337-338)

Il n'y a plus que ce corps qui crie, souffre et s'écartèle ; car il s'agit de perdre pied, de s'enivrer, de s'évanouir et de chavirer avec son corps. Il s'agit pour Bataille, non pas d'une sensation esthétique ou d'un voyage imaginaire, mais de souillure, d'orgie, d'épuisement de tout le corps (Artaud ?), non d'ascèse spirituelle ou de renoncement intellectuel. C'est ici mon corps qui se perd, est excédé dans cette perte et j'en défaille dans mon corps. Corps du serpent englouti par le bec de l'aigle.

Reportage télévisé sur les aigles serpentaires,
photos Jacques Renaud. →

L'impossible, l'inconnu

« (...) le sentiment d'une présence irréductible à quelque notion que ce soit, cette sorte de silence de foudre qu'introduit l'extase. » (*C.*, 253)

Soit le parcours

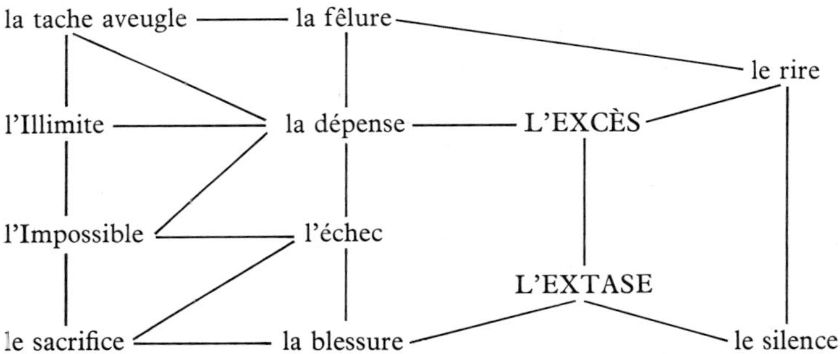

A parcourir en tous sens, hors le sens!

« Dans cet inconnu aveugle, je succombe (je renonce à l'épuisement raisonné des possibles). » (*Imp.*, 185)

La dépense n'est jamais assez improductive, la consumation jamais assez exacerbée, l'excès peut toujours encore s'excéder. Aspiration extrême, illimité des possibles de l'épuisement.

« Il existe à la base de la vie humaine un principe d'insuffisance. (...) une aveugle tension de la vie vers un sommet indéfinissable. » (*E.I.*, 97)

Ce qui caractérise l'excès, c'est qu'il n' « est » pas, qu'il est toujours plus que ce qu'il « est », que la dépense somme toute est impossible parce que illimitée... On retrouve ici la parenté (mais une parenté brisée, rompue, hétérogène elle aussi) entre Bataille et la mystique : le sujet est assoiffé, altéré, tendu vers un impossible qui est le tout de son désir. Sujet qui se pose à lui-même la question : puis-je être *tout ?* Or, quand l'unité est devenue impossible, irrémédiablement fissurée (la « faille »), quand la totalité est éclatée, introuvable (« l'être n'est *nulle part* »), le sujet ne peut plus être tout ; il lui faut y renoncer, renoncer à son origine comme à sa fin : se déchirer. Le sujet se perd, mais cette perte est alors ce qui, par un renversement (Bataille parle de la « situation inverse », qui n'est pas renversement dialectique, mais rupture, saut, effet de faille), lui donne accès à la souveraineté, entrée dans le tout des possibles, dans l'illimité de la transgression. Renoncer à être tout/ET/atteindre la souveraineté.

> « Nous ne sommes pas tout, nous n'avons même que deux certitudes en ce monde, celle-là et celle de mourir. » (*E.I.*, 10)
> « L'expérience à l'extrême du possible demande un renoncement néanmoins : cesser de vouloir être tout (...) ne plus se vouloir être tout est pour l'homme l'ambition la plus haute... » (*E.I.*, 34 et 38)

Renoncer à être tout, c'est affronter la mort en s'en jouant comme d'une imposture, c'est risquer la perte du sens, c'est se jouer dans l'immanence absolue. Mais c'est aussi, à ce prix sans prix (la dépense à perte), trouver le plus haut sens, le hors-sens, dans cette absence même de sens. Limite qui entraîne la transgression ; transgression qui reconduit une nouvelle limite, plus haute, plus lointaine, jusqu'à l'Illimité, jusqu'au hors-limite, à jamais hors d'atteinte, à jamais désiré. Renoncer à être tout, c'est s'enfoncer dans le possible de l'Impossible, jusqu'aux limites de l'Illimite. Rilke : « près de la mort, on ne voit plus la mort [24] ».

C'est s'installer résolument sur la fêlure, dans la (ligne de) faille, c'est regarder au lieu même de la tache aveugle, penser à partir du rire. Alors, la situation s'inverse, s'involue : c'est la supplication, le non-savoir qui ouvrent à l'infini, à l'extase (le hors). C'est la singularité et le dénuement qui ouvrent au sujet, hors-sujet, la voie de la souveraineté. L'instant où l'homme renonce à être tout et entre dans le non-savoir qui l'absorbe, l'instant où le sujet se met en jeu (en je) et se risque (risque sa perte, se perd), c'est l'instant – unique, événement singulier – de la décision. Et la *morale* de Bataille est précisément une morale du rire, une volonté de chance/hasard, « du risque, de l'exaltation des forces. Elle est *esprit de décision* » (*E.I.*, 38).

Comme le mystique, Bataille pose un sujet nu, dessaisi, supplicié. Sujet de l'altération et de la singularité. Mais alors que le mystique, lui, va trouver une issue à sa question, alors qu'il va pouvoir affirmer : non, je ne suis pas tout, mais un Autre est, qui est (le) Tout, Bataille échappe en riant à la question, à jamais sans réponse : il faut renoncer à être tout, et savoir que l'expérience, le non-savoir sont à eux-mêmes leur seule autorité et que cela s'expie! Bataille dit : je ne suis pas tout / mais / je ne suis pas rien (voir *Sacrifices :* « MOI, j'existe suspendu dans un vide réalisé »). Sujet de la probabilité et de l'improbable, sujet limite mais sujet de l'Illimite : soit l'ambivalence du sujet, sa question toujours reconduite : suppliante/suppliciante. Le sujet mystique est celui qui, pardevers lui, est assuré de l'existence d'un Locuteur : un Autre parle quelque part, qui dit/est le Tout. Le sujet de Bataille est celui de l'hétérogène : même si un Autre parle, je ne l'entends pas, il ne répond pas à ma question, la nuit reste désespérément nocturne et je demeure en rupture, faille et silence. La nuit persiste, glacée, silencieuse dans l'épuisement des forces et la décision de s'y perdre et de s'y jouer : non pas au nom d'un Autre, mais au hasard = chance. Cela étant profondément (aussi profond que la nuit) risible.

Et cependant Bataille propose comme une issue – « comme » car il s'agit d'une voie détournée, d'un contour – la *communication.* Là où le sujet a renoncé à être tout, là où il semble atteindre l'extrême des possibles, l'être prend sens et effet par d'autres. D'autres qui eux non plus ne parlent pas ni n'entendent mais supplient. Communication dans/par la dépense, le sacrifice, la perte... Je suis, tu n'es que perte dans un même et vaste mouvement de dépense. Dépense qui n'est jamais privée ni particulière, mais dépense en tout point et donc lieu – non-lieu de communication, mais communication de rien : ni de sens, ni de valeur, communication et communauté dans la perte et la consumation. Même pal. Là où je/tu communique(s), c'est là où je/tu me et te perds. La dépense, à son point ultime, est ce qui « introduit dans ma nuit la suffisance divine ».

Aussi Bataille écrit-il : « Je ne me sépare en rien de l'homme en général et prends sur moi la totalité de ce qui est » (*M.M.*, 195) : phrase à ne surtout pas comprendre dans un sens sartrien (l'homme est, et choisit tous les hommes). Il n'y a pas de *projet* bataillien ou d'humanisme de la dépense! Tout projet suppose un avenir et un sens de cet avenir (sens donné ou à faire. Bataille, répétant Nietzsche : « j'aime l'ignorance touchant l'à-venir »), suppose un mouvement de production (le projet, le groupe qui produit, un sens, une valeur, un acte thétique). Or, Bataille le redit souvent : il n'y a ni acte ni action (l'action restreint, elle mutile, elle canalise... au lieu de conserver ce qu'il appelle « l'homme total, entier », au lieu d'ouvrir à l'infini des possibles). Agir ou choisir. Et Bataille refuse le choix : il faut l'homme entier ; il faut le système et l'excès. Pas de production ni de réserve (la rareté sartrienne) tenables : l'excès est consumation et dépense absolues, sacrificielles, hors-sens parce qu'en tous sens. Toute histoire pose un sens : à venir ou passé, référence ou *télos*. Pour Bataille il n'y a que ce pari, jeu et risque qui ne peuvent aboutir qu'au lieu dont ils partent : la nuit, l'épuisement des forces, l'écroulement de tout discours, acte ou sens dans le rire et la perte [25]. Ne pas se séparer des autres hommes, c'est seulement refuser d'être tout, refuser le particulier au nom d'une illimite, refuser le singulier au nom d'une singularité encore plus singulière. A savoir : « je veux porter ma personne au pinacle ». Il faut porter la perte jusqu'au point où elle supprime tout sens, tout acte singuliers, jusqu'au point où se consume un sujet hors-sujet, éclaté et disséminé. La communication est elle aussi excessive : prendre la totalité de l'homme sur soi, c'est se refuser à la limitation d'un sujet particulier pour s'ouvrir à l'infini des possibles de l'homme.

En ce sens, l'action n'est rien. Elle est encore prise (limitée, limitatrice) dans une économie de la production, dans une histoire linéaire, tendue vers un avenir (progrès), parcourue de (son) sens, faisant l'objet d'une dialectique qui espère, mémorise et résout *(Aufhebung)*, dessinant un sujet lié à sa pratique, à son lieu, sujet situé, fermé, mutilé. La dépense, au contraire, est une économie du sacrifice, du potlatch [26], où tout se dépense ici-là-maintenant-pour-rien, et en même temps, partout, en tout point; où l'histoire n'est pas homogénéisée et linéarisée, mais éclatée, hétérogène (non pas le *chronos* mais le *kairos*, l'événement singulier et intense, rompu et faisant rupture), où la production le cède à la consumation, à la « part maudite », où rien ne se donne ni ne se reçoit; où le sujet est entier, se risquant pour rien, se perdant dans ce jeu. Non pas produit ou producteur mais perdu et dépensant. Renversant la critique adressée par Sartre à Bataille (« un nouveau mystique »), on pourrait (riant) dire que le plus mystique est peut-être Sartre : une mystique de la production, de l'histoire comme avènement, de la rareté comme négatif où tout prend sens dans la *praxis*. Où tout se prend et s'échoue sur le « miroir » de la production. Or le sujet bataillien, loin d'être sujet d'une histoire, est éminemment le souverain rieur de la nuit.

> « Le mystique devant Dieu avait l'attitude d'un *sujet*. Qui met l'être devant lui-même a l'attitude d'un *souverain*. » (*C.*, 278)

Qui met l'être devant lui-même risque l'être et le perd, se risque lui-même et se dépense. Il faut le système ET il faut l'excès. Il faut la nuit ET il faut le rire.

L'inconnu

> « Quand aller au bout signifie tout au moins ceci : que la limite qu'est la connaissance comme fin soit franchie. »
> « La connaissance est l'accès de l'inconnu. Le non-sens est l'aboutissement de chaque sens possible. » (*E.I.*, 20 et 119)

Corps blessé, corps perdu, corps dépensé…

Règlement de compte (rapide) avec Hegel : renoncer à être tout, ce n'est pas renoncer au système (il faut le système ET...), mais renoncer à la circularité et aux lignes de partage (l'inconnu demande, à la fin, l'empire sans partage), renoncer aux disjonctions et assignations. La tache aveugle est ce point où tout se confond parce que les limites sont dissoutes et où, en même temps, le système est troué, quelque chose faisant en lui rupture qui ne peut pas plus se dire que se voir. Point ab-solu (non-résolu) dans le système : les choix, les partages ne sont plus opérants, ils sont excédés et absorbés, eux aussi, par la nuit et le rire. Il y a des trous dans le système par où soufflent des souffles violents qui dérangent tout et tout excèdent, bousculant le savoir, et là,

> « Ce qui compte n'est plus l'énoncé du vent, c'est le vent. » (*E.I.*, 25)

Il s'agit encore d' « aspiration extrême » : soit inspiration/expiration du souffle, des vents hors-sens, à l'extrême : là où le non-savoir et l'Impossible sont souverains parce que excédés, excessifs. Être à soi-même sa seule autorité : aucun système, aucun savoir ne fait autorité. Nulle disjonction ne peut contenir la crue de l'excès, l'envahissement par le non-savoir. Mais cette autorité sans limite s'expie : il faut, dans le non-savoir, aller jusqu'au bout de la nudité, jusqu'au sacrifice. Il faut en passer par la blessure, par le cri.

Blessure

> « Le sommet répond à l'excès, à l'exubérance des forces. Il porte au maximum l'intensité tragique. Il se lie aux dépenses d'énergie sans mesures, à la violation de l'intégrité des êtres. Il est donc plus voisin du mal que du bien. » (*S.N.*, 42)

Corps blessé, corps perdu, corps dépensé (Dirty, Réa, Mme Edwarda). Lorsque tout a été dépensé sans mesure, le sujet éclaté, éperdu, est à son sommet, tache aveugle du corps, tache aveugle qu'est ici le corps, où il n'y a que non-savoir et intensité brûlante. C'est, à la fois et liés : l'extase et le supplice (le système et l'excès), soit le sacrifice. Sacrifice : le visage extatique du supplicié chinois.

– sacrifice : supplice, supplication, pal, dénuement et déchirement du corps (lambeaux de peau arrachés).

– extase : souveraineté, hors-limite, excès (yeux révulsés).

L'être atteint alors « un bonheur affirmé contre toute raison » : bonheur dans la démesure, sur le pal lui-même (la raison étant mesure), dans la dépense (la raison étant réserve), dans la consumation (la raison étant production/consommation). Au maximum d'intensité, au seuil de l'accès à l'excès, c'est la blessure qui se marque et se remarque, indiquant la ligne de faille, la fêlure imperceptible (là où doit passer le couteau qui dépèce le Chinois extasié/supplicié), le déchirement de tout l'être, la cassure qui est la trace indélébile de l'hétérogène. Mais cette blessure est elle-même (en) excès, et elle est ainsi richesse superfétatoire : elle ouvre chaque fois un peu plus les portes du possible, les voies de l'extase, et recule chaque fois les limites. Se déchirer = se perdre : atteindre toujours plus de souveraineté. A la poésie qui est absence de décision, féminité neutre, Bataille oppose la blessure, le déchirement comme esprit de décision (incision, coupure), lequel est au plus haut point contemplation, recherche de la fêlure, jusqu'à en crier/jusqu'à en jouir, puisque, aussi bien, la blessure est extase et désir. Décider d'atteindre

> « une extrême déchirure, si profonde que seul le silence de l'extase lui répond ». (*E.I.*, 128)

Le dehors

Excéder, soit : passer hors (hétérologie) ; outre (excès s'excédant) ; ex (ex-stase).

« Le MOI n'est libéré que HORS DE SOI. »

« Plus loin, ta vie ne se borne pas à cet insaisissable ruissellement intérieur ; elle ruisselle aussi au-dehors et s'ouvre incessamment à ce qui s'écoule ou jaillit vers elle. » (*E.I.*, 88 et 111)

« L'essentiel » est peut-être l'absorption au-dehors, le saut dans l'inconnu, la fuite. Il faut parcourir les lignes de fuite de l'expérience (et de son texte), il faut accomplir le pari, le défi, de la dérobade. Aucun de ces termes ne pouvant d'ailleurs se penser en concept, aucun ne pouvant esquisser la définition d'une pratique. Bataille détourne toute théorie comme toute pratique, les excède, en rit.

L'hétérologie, c'est le hors :

– hors (du) corps : hétérologie = scatologie, dit Bataille. Scatologie : ce qui sort du corps, l'excède et le fuit. L'excrémentiel.

– hors (du) texte : l'hétérotexte, c'est ce texte silencieux et éclaté qui s'écrit en fragments, en souffles et simulacres épars, en lignes de fuite et en dissimulation. Texte qui se redouble lui-même, se répète dans l'incantatoire. Sans homogénéité ni progression.

« Espace raréfié que l'effet de rareté tend à rendre infini jusqu'à la limite qui ne le borne pas. » (Maurice Blanchot, *l'Amitié*, Gallimard 1976, 133)

Le texte n'est qu'effets, mouvement de renvoi et de révocation, d'excès de toute référence. Il est ce sol mortifère sur lequel brillent des effets passagers, quelque chose comme une trace, comme un passage éphémère à peine lisible. Ce qu'il renvoie ne renvoie à rien, si ce n'est à lui-même comme si le texte s'excédait lui-même sans fin ni sens. Le texte de Bataille est ainsi un texte brisé qui se parcourt dans la violence, dans l'ignorance de tout ordre mais qui fait fonctionner, dans son énonciation véhémente, la différence, la faille, la crue et l'hétérogène [27]. Le texte se redouble mais aussi s'écarte de lui-même, laisse des creux, des vides qui tombent au silence, au rire. L'écriture de Bataille est une écriture de dérision qui porte l'excès en elle-même, jusqu'au point où plus rien ne la limite, jusqu'au point insoutenable où l'écriture se dissémine, éclate (insoutenable de *Ma mère*, fragments éclatés du *Sur Nietzsche*).

> « Je parle en somme un langage mort. Ce langage, je le crois, est celui de la philosophie. (...) j'ai voulu parler un langage égal à zéro, un langage qui soit l'équivalence de rien, un langage qui retourne au silence. » (*Er.*, 288)

Excédé, le texte ne renvoie à rien, texte nul, langage vide, langage de l'Impossible. Le texte s'ouvre sur un dehors qui l'excède. Il s'ouvre sur ce qui n'est pas lui mais qui le constitue comme texte : le corps, l'arène, le verre de pastis, la porte Saint-Denis... Texte qui atteint pour finir la souveraineté, en étant à lui-même sa propre autorité. Ce qui importe, à la fin, c'est que le texte prenne effet.

Le sujet, la mort, la souveraineté

> « La souveraineté est le pouvoir de s'élever dans l'indifférence à la mort, au-dessus des lois qui assurent le maintien de la vie. »
> « (...) la souveraineté, d'autre part, est l'objet qui se dérobe toujours, que personne n'a saisi, et que personne ne saisira, pour cette raison définitive : que nous ne pouvons la posséder comme un objet, que nous sommes réduits à la chercher. Une pesanteur aliène toujours dans le sens de l'utilité la souveraineté proposée. (...) la souveraineté n'a pour elle que le royaume de l'échec. » (*L.M.*, coll. « Idées », 212 et 228)

Le sujet est tendu vers la souveraineté comme vers sa mort, comme vers sa possibilité de ne pas mourir, dans la mesure où il est un sujet excédé, qui n'est sujet que hors de lui-même, hors-sujet. Sujet impossible car toujours dérobé. Le sujet de Bataille c'est celui de l'éclatement et de la pluralité. Il ne s'inaugure que de sa perte et ne se pose que d'être excédé. Aussi est-il toujours un impossible, un échec.

Car le sujet, comme la souveraineté, se dérobe, s'expie. Il est condamné à se perdre et à se chercher toujours, dans une soif inaltérable, une avidité insatiable, dans un supplément d'excès. La totalité en lui requiert d'être atteinte, mais à peine atteinte, elle éclate.

Aussi Bataille s'intéresse-t-il particulièrement aux sujets à la fois dépensés et outrés : la comtesse Bathory, Dirty, le supplicié chinois, la Mère, Gilles de Rais – l'imaginaire ici n'étant pas séparable du réel.

> « J'ai tenu à montrer en lui (G. de Rais) l'être fantastique excédant les limites reçues (...) Il s'agissait de vivre souverainement. Les dépenses de Gilles de Rais ne relèvent pas d'une prodigalité quelconque, elles se rapportent au jeu EXCESSIF. » (*Procès de G. de Rais*, 55)

Le sujet bataillien est celui dont la mise en je est avant tout mise en jeu, risque affronté, défi porté à hauteur de mort « tête baissée dans l'impossible ». C'est à l'extrême de ses possibilités (sacrifice, supplice, crime, ivresse, extase, érotisme) que le sujet atteint la souveraineté, dans la (sa) perte et la (sa) dépense. Son illimite répond à son impossibilité et son éclatement à son échec. Ce qui blesse le sujet n'est pas ce qui le barre mais au contraire ce qui l'ouvre à l'infini des possibles.

Ce qui *fait* le sujet, ce n'est pas ce qu'il tient mais ce qu'il perd, son défi, sa chute, ce qu'il rejette. Sujet du rejet. Il est sujet nu, de la nudité et de la dépossession. Ce qui *fait* le sujet, c'est le creux qu'il inscrit, l'excès qu'il indique. Sans nom, à nom perdu. Le sujet est cette faille qui glisse vers l'excès, vers la souveraineté qu'on ne peut pas atteindre, qu'il ne cesse de vouloir atteindre, se marquant et se remarquant en dépense et en perte. Et perte pour rien, la dépense étant improductive. Le sujet ne produit rien, ne dit rien. Il rit et danse. Il crie et se noie. Part consumatoire, silence rieur, part souveraine. Ce qui *fait* Gilles de Rais, ce n'est pas sa

Le château de Gilles de Rais
à Tiffauges, en Vendée.

1958 : Georges Bataille visite le château de Gilles de Rais. Les photos ont été prises par son ami Jean Costa.

fortune : il la dépense en somptuaire ; ce n'est pas son homosexualité, il l'excède par le crime ; ce n'est pas non plus son pacte avec le diable ; il le confond avec sa crainte de Dieu. Ce qui fait Gilles de Rais, c'est la brûlure qui le marque et le porte à tout brûler : brûler son or, flamber les vêtements des enfants qu'il tue, brûler les métaux dans les fours d'alchimie, brûler son crédit et sa réputation, et se brûler en fin de compte (quand plus rien ne peut être compté parce que tout est dépensé) sur le bûcher. Alors, l'illimité est atteint au point où Gilles de Rais est perdu.

Il n'y a rien d'autre que cette faille, ce glissement vers la mort et vers la souveraineté, vers l'excès et dans la perte, faille qui tend à toujours s'approfondir sans fond et à tout consumer. Il n'y a rien d'autre que cette perte à fonds perdus, ces glissements, chutes jusqu'à ce que plus rien, nulle part, ne soit limité. Et dans cet impossible naît le sujet. Mais ce sujet rit dans son silence. Il a atteint l'excès de toute pensée et ne peut qu'en rire.

Atteindre la souveraineté, si c'est ainsi aller jusqu'au bout de la perte, c'est, pour le sujet, mourir. Au point où il entre dans l'excès et s'excède lui-même, le sujet défaille et meurt. Le sujet souverain est trahi par la (sa) souveraineté même. L'excès est sans limite et excède le sujet aussi.

> « Cette souveraineté de la joie, le fait de mourir la paie. (...) La souveraineté est à ce prix, elle ne peut se donner que le droit de mourir : elle ne peut jamais agir, jamais revendiquer des droits qu'a seule l'action, l'action qui jamais n'est authentiquement souveraine... »
> (...) « – car le *rien*, qui malgré l'amour et la mort ne pourrait céder, est *souverainement* ce qu'il est. » (*L.M.*, 190 et 196)

Entrer dans la souveraineté, entrer dans l'Illimite c'est entrer dans le silence et c'est mourir. « Il faut être un dieu pour mourir. » La mort, comme l'excès, fait du sujet le dieu qui rit et crie. Et si la mort est ce point où tout est perdu, excédé, alors la mort n'est rien, elle n'est qu'imposture et absence.

A la fin, cela est risible! La mort elle-même est excédée. La mort est cette tache aveugle qui finalement s'insère dans l'ordre des choses pour en rire. Sans plus! La mort, la souveraineté ne disent rien, ne voient rien... que cette ligne brisée qui marque l'ultime point de l'excessif. Et en elles,

> « ce qui compte n'est plus l'énoncé du vent, c'est le vent. » (*E.I.*, 25)

La maison de Vézelay.

La terrasse, où Bataille travaillait.

A Vézelay : Bataille avec Diane Bataille et Jean Costa, 1948.

Transgression et expérience des limites

« La transgression n'est pas la négation de l'interdit, mais elle le dépasse et le complète. »
Bataille, *l'Érotisme*

« La transgression ne transgresse pas la loi. Elle l'emporte avec elle. »
Blanchot, *le Pas au-delà*

Ne pas considérer la notion de transgression comme une catégorie philosophique. Ne pas la fixer, car elle n'est que mouvement, procès. Ni objet de discours, ni surtout pièce dans une dialectique duelle (loi/interdit – affranchissement de la loi/levée de l'interdit). Ne pas se laisser prendre au piège de la transgression : son aspect pieux, son caractère religieux. Il faut en détourner le sens sacré, le sens religieux, il faut en refuser le sens éthique (le kantisme implicite), et porter la transgression au lieu où elle se joue : à la mort.

Il faut lier la transgression à l'expérience des limites, il faut en reconduire le lien sans cesse défait, sans cesse renoué : lien impossible et nécessaire. La transgression est le mouvement qui ignore mais repousse la limite, et donc ne l'ignore pas vraiment, feint de l'ignorer (mouvement de ruse, de feinte), y revient, s'en éloigne.

> « Ce qui rend malaisé de parler d'interdit n'est pas seulement la variabilité des objets, mais un caractère illogique. Jamais, à propos du même objet, une proposition opposée n'est impossible. Il n'est pas d'interdit qui ne puisse être transgressé. Souvent la transgression est admise, souvent même elle est prescrite. » (*Er.*, 70)

Illogique [28], complicité illogique de l'interdit (irrationnel) et du procès (antirationnel, démesuré) de la transgression. Il est impossible de séparer la mort de la vie (la mort est une imposture, elle est excès de la vie et impossibilité d'être pensée). La mort est toujours déjà venue, déjà accomplie et pourtant encore à venir, impensable, inachevée donc ; impossible de distinguer l'extase de l'ivresse ou du désir ou de toute autre modalité de l'expérience ; la sainteté comme l'érotisme se vivent dans la solitude et le secret, et ne connaissent leur accomplissement et leur dépassement que dans la mort. Aucune catégorie ne peut couvrir le champ de l'expérience ni le baliser. L'expérience fait éclater toutes les catégories, se posant comme étant à elle-même sa limite et donc comme étant illimitée, souveraine dans son impossibilité. Rien ne se

← Bacon, *Tauromachie.*

distingue plus dans le ruissellement du dehors, dans le nulle part qu'est l'être de l'expérience, son non-savoir, sa nuit. Et les limites elles-mêmes sont d'autant plus coercitives que floues, d'autant plus menaçantes que fragiles, d'autant plus présentes que nocturnes. Si rien ne se distingue plus, faire l'expérience des limites, c'est en même temps faire l'expérience de leur transgression, et les transgresser, c'est dans le même mouvement les reconduire.

Une gestuelle du seuil

Aussi la transgression, de par ce ruissellement de l'être, de par le non-savoir constitutif de l'expérience, est-elle une gestuelle et non une conceptualisation. Elle est de l'ordre du figural et du geste, non du discursif ou du conceptuel. La transgression n'est pas liée au sens ou au discours (domaine de l'ordre, du mesuré, du rationnel, alors qu'elle est démesure, et violence sans « objet »), elle est attachée à la *forme*. Elle est transgression de la forme et de la figure : *forme sans forme*, figure non discursive, défi porté par l'inachèvement qui est le jeu de la limite. La transgression est comme l'ombre portée, l'empreinte se marquant dans le champ de l'Impossible, dans le champ des limites.

Il y a chez Plotin l'intuition de cet épuisement, de cette forme sans forme. Lorsque l'Intelligence a atteint le plus haut point de sa course, on entre, dit Plotin, dans quelque chose qui n'est plus de l'ordre de l'Intelligence, mais qui, au contraire, l'épuise, en pose les limites. Et c'est alors, pour Plotin, l'extase! Il y a chez Bataille, dans sa conception de la transgression, quelque chose de cette expérience d'un épuisement, d'un affrontement d'une limite qu'on ne peut pas situer ni assigner. Comme l'Intelligence plotinienne se constituait, s'éprouvait à partir d'un principe extérieur à elle et portait trace en se laissant elle-même tracer et marquer, la transgression est ce mouvement qui maintient l'interdit, mais le conduit à son exténuation en le faisant gauchir, obvier par l'expérience de l'Impossible, du non-savoir qui dénude. Et là aussi, c'est l'extase.

« La forme est ce qui la reçoit : mais ce qui produit la forme est sans forme lui-même. Quant à la limite, elle ne lui vient pas de l'extérieur, comme une enceinte limite une étendue ; la limite est ce qui peut venir à cette vie universelle, multiple et infinie, du rayonnement de la nature du Bien. (...) Si elle se limite, c'est parce qu'elle est une unité multiple. »
« (...) Son principe est donc le Bien qui existe avant qu'elle soit remplie : principe différent d'elle, extérieur à elle, qui la remplit et dont elle reçoit comme une empreinte, en se remplissant (...) car la trace, en effet, est comme la forme de ce qui est sans forme. » (Plotin, *Ennéades*, VI, 7, 16 et 33)

Ce n'est pas la transgression qui pose la limite, mais ce qui inscrit la limite porte empreinte dans la transgression et ce qui s'inscrit en transgression se (dé-)marque sur la limite. Procès inachevable, procès sans fin : la limite est inachevée, elle requiert la transgression pour s'accomplir mais, transgressée, elle se dissout – et, accomplie, elle se représente. Si la limite est achevée c'est au sens d'épuisée, assignée. Elle est ce qui assigne l'hétérogène en marquant et remarquant les différences, écarts, ruptures. Mais elle est aussi celle qui est assez fluide pour assurer (exiger) un passage : la transgression comme communication et accès : accès à quoi ? A rien, si ce n'est à l'excès qui ne se laisse pas approcher, à la perte de toute limite ET à la reconduction des limites.

« Non moins que d'en interdire l'accès facile et dangereux, il est nécessaire de retrouver le domaine de l'instant (le royaume de l'enfance), et cela demande la transgression temporaire de l'interdit. » (*L.M.*, Gallimard 1967, coll. « Idées », 21)

Une violence masquée

La transgression, c'est porter les choses à leur limite, au possible de leur impossible, les risquer et les dépenser, introduire l'excès au point aveugle de leur enfermement. Les porter à l'introuvable excès au lieu de les maintenir dans l'ordre du projet et des calculs. L'excès étant tache aveugle, il n'a rien à voir ou à prévoir, rien que cette perte des limites et des choses dans une nuit sans parole ni sens, dans un dehors illimité qui fuit (ruisselle) en tous sens, hors-sens, « unité multiple » dit Plotin. Et donc, la transgression, c'est l'instant (le point), le « royaume de l'enfance » ; instant qui s'oppose à tout projet, à toute prévision – instant aveugle –, instant de la dépense qui s'oppose au calcul, à la réserve, à la pensée comme ordre, comme maintenance, comme non-violence. La transgression n'abolit pas la limite ; elle la porte à son point de rupture qui lui fait violence, elle en fait ressortir la violence primitive, violence qui n'est pas de l'ordre du discours ou du concept, mais de la forme, de la figure et de la trace. Faire violence à la limite ou l'accomplir comme violence masquée. Soit : la démasquer/la démarquer.

Sans ligne de partage, la transgression est ignorance, non-savoir. Sans ligne d'avenir, la transgression est hors-calcul, hors-projet, chance et hasard.

– Mise en jeu, ou risque, ou chance (pour rien).

– Démence, ou violence, mort (de rien, excessive).

La transgression est ainsi liée à l'échec puisqu'elle porte le sujet jusqu'au point où il défaille, où il se perd, et qu'elle-même s'affirme comme inachèvement, mouvement toujours à reprendre. A la fois fascination et évanouissement, le procès de la transgression est au plus haut point ambivalence.

> « (...) ce qu'elle (la loi) interdit n'est pas un domaine où l'homme n'a rien à faire. Le domaine interdit est le domaine tragique, ou mieux, c'est le domaine sacré. Il est vrai, l'humanité l'exclut, mais pour le magnifier. L'interdit divinise ce dont il défend l'accès. Il subordonne cet accès à l'expiation – à la mort –, mais l'interdit n'en est pas moins une invite, en même temps qu'un obstacle. » (*L.M.*, 21)

C'est dans la transgression que le sujet connaît le « désir de chavirer », de perdre pied. Car c'est en chavirant qu'il fait

éclater les limites et accède à la souveraineté. Il faut passer par le désordre, la violence, le déséquilibre pour faire l'expérience de la transgression. Il faut porter le désordre dans l'ordre des limites, déséquilibrer leur ordonnancement, en faire sourdre la violence contenue.

Il y a comme une réserve de déséquilibre, un excédent à partir duquel tout chavire : le sujet, le discours, le concept, et dans lequel tout s'excède : la limite, la pensée, la mort.

Il s'agit donc de défaillir, de s'installer sur la ligne de faille qui fait intervenir la violence de l'interdit contre l'interdit lui-même, et de porter la faille dans le discours et dans le sujet. Altérer le sujet, faire sourdre son autre qui n'est que lui-même, mais lui-même en excès, en limite.

> « Car le désir est toujours là, plus fort, plus fou que jamais. C'est comme un incendie de la mer soufflant sa flamme au plus profond du noir néant universel ; c'est un désir d'embrasser les possibilités infinies. » (O.V. de Milosz, *Miguel Manara*, éd. André Silvaire 1974, 20)

La transgression est cet incendie de la mer (ambivalence maritime) qui est désir de s'engloutir dans l'infini des possibles, d'aller à son Autre qui, en retour, l'altère.

De même que la transgression est sans objet, le sujet de la transgression est vide, nul. Il est laissé à la faille, qui en retour l'évacue, le fend dirait Lacan [29], sujet séparé de son objet.

Ce qui importe dans la transgression n'est pas l' « objet » transgressé, l'interdit enfreint (puisqu'il n'y a pas d'interdit qui ne puisse être transgressé, pas d'objet qui ne puisse être ou devenir objet de transgression) ; ce qui importe est le mouvement qui transporte le sujet (« non sans garder l'opacité du transcendant » dit Lacan) vers cet Autre qui le constitue en l'altérant. La transgression ou l'altérité/altération d'un sujet altéré/altérant.

Max Ernst, *l'Antipape*, 1941.

Une négativité sans emploi

Si la transgression est la mise en œuvre d'une négativité, c'est d'une négativité sans emploi, coupée de son objet. Non-savoir sans recours parce que insaisissable par la pensée (impensable), trace inscrite et ombre portée par l'Autre, telle est la transgression chez Bataille.

Reprenons l'exposé de Foucault *. La transgression est une profanation sans objet. C'est la profanation s'effectuant dans un monde où il n'y a plus de sacré, où aucun Dieu n'est plus posé à l'extrême des limites ou comme Limite absolue, mais où le sujet est lui-même porté (comme un fer porté à incandescence dirons-nous) à sa limite, et où le sacré – évanoui, vidé de sens – ne permet plus qu'une « profanation elle-même vide et repliée sur soi », dont « les instruments ne s'adressent à rien d'autre qu'à eux-mêmes » (Foucault). Le geste de la transgression, c'est alors le geste inutile, démis de toute fonction ou de tout sens parce que posé dans une nuit vide, où Dieu est absent et dans laquelle le sujet s'exacerbe en ses désirs et défaille dans l'excès nocturne et silencieux. Geste d'épuisement lié à cette négativité désormais « sans emploi ».

La transgression est liée à l'Illimite : plus rien ne la limite qu'elle-même, elle-même repliée sur soi, elle-même à elle-même sa seule autorité. Elle se creuse et se travaille elle-même, gestuelle du repli, de la négativité vide, retrace d'une trace perdue. La transgression est liée à l'Impossible : plus rien n'est à attendre ou à atteindre que ce vide déjà advenu, encore à venir, que cette nuit sans origine ni fin, que ce silence définitif et impersonnel, neutre, silence né du non-savoir et retournant au non-savoir, absence de réponse et supplication sans issue ni repos. En cela, nous parlions d'ambivalence. Ni mort ni vie, ni discours ni silence total, la

* Une reconnaissance de « dette » s'impose ici : tout ce que nous pourrons écrire sur la transgression sera marqué profondément par le beau texte de Foucault, « Préface à la transgression », paru dans *Critique* n° 195-196, août-sept. 1963, 751 s.

transgression est ce cri qui fait chavirer l'être, blesse le sujet, le porte à sa limite où tout n'est qu'ambivalence :

> « Ce désir de chavirer, qui travaille intimement chaque être humain, diffère néanmoins du désir de mourir en ce qu'il est ambigu : c'est le désir de mourir sans doute, mais c'est en même temps le désir de vivre, aux limites du possible et de l'impossible, avec une intensité toujours plus grande. C'est le désir de vivre en cessant de vivre ou de mourir sans cesser de vivre, le désir d'un état extrême que sainte Thérèse peut-être seule a dépeint assez fortement par ces mots : " Je meurs de ne pas mourir ". » (*Er.*, 262)

Nuit vide, absence de Dieu, disparition du sacré... La transgression serait donc issue de la mort de Dieu, du geste nietzschéen [30]. Mais geste hors-sens, geste de danse, pure figure portée à la limite de l'Illimite qu'était Dieu. La mort de Dieu ouvre au sujet l'espace de l'Illimite en même temps qu'elle en fait le lieu de l'Impossible, marquant sur le corps du sujet une indélébile trace, une blessure et une brûlure à jamais incurables, elles aussi illimitées. L'Illimité n'est plus nommable, aucun Nom souverain ne peut plus marquer l'horizon, désormais vide et excédé. La transgression est ce mouvement qui à la fois assigne, nomme, reconnaît la limite (sinon comment la transgresser ?), mais la repousse, l'excède ; puis à nouveau la reconduit, à nouveau l'assigne. Mouvement inachevé/inachevable ; l'achèvement fait place à l'effacement le discours au cri.

> « A la limite du pire, d'un bonheur intolérable. C'est au sommet d'une hauteur vertigineuse que je chante un alleluiah! le plus pur, le plus douloureux que tu puisses entendre. » (*All.*, in *O.C.*, t. 5, 400)

Aucun choix, aucune décision rationnelle n'est possible : la transgression est expérience des limites ET expérience de l'excès, mort toujours présente ET impossibilité de mourir, nécessité de parler ET silence inépuisable.

Revenons à Foucault :

> « La transgression est un geste qui concerne la limite ; c'est là, en cette minceur de la ligne, que se manifeste l'éclair de son passage, mais peut-être aussi sa trajectoire en sa totalité, son origine même. Le trait qu'elle croise pourrait bien être tout son

André Masson, illustration pour
Miroir de la tauromachie de Michel Leiris,
publié dans le cahier I d'*Acéphale*, GLM.

espace. Le jeu des limites et de la transgression semble être régi par une obstination simple ; la transgression franchit et ne cesse de recommencer à franchir une ligne qui, derrière elle, aussitôt se referme en une vague de peu de mémoire, reculant ainsi à nouveau jusqu'à l'horizon de l'infranchissable (...)
La limite ouvre violemment sur l'illimité, se trouve emportée soudain par le contenu qu'elle rejette, et accomplie par cette plénitude étrangère qui l'envahit jusqu'au cœur. La transgression porte la limite jusqu'à la limite de son être ; elle la conduit à s'éveiller sur sa disparition imminente, à se retrouver dans ce qu'elle exclut, à éprouver sa vérité positive dans le mouvement de sa perte. » (Foucault, art. cité, 754 s.)

La transgression risque à chaque instant la souveraineté, et la manque à chaque instant, non de par une espèce d'inaptitude à l'atteindre qui lui serait constitutive, mais parce que la vérité de la souveraineté c'est précisément d'être impossible, d'être cet impouvoir approché, reconnu, et immédiatement (= en même temps) oublié, effacé. Mouvement dont la réalisation est la disparition et l'échec le seul accomplissement [31].

Ainsi (et Foucault le fait également remarquer) ne faut-il pas comprendre la transgression dans un sens éthique. Il ne s'agit pas d'une problématique de la liberté, mais d'un jeu avec, sur la limite, d'une gestuelle du seuil, de l'excès.

« Souvent la transgression de l'interdit n'est pas elle-même moins sujette à des règles que l'interdit. Il ne s'agit pas de liberté : *à tel moment et jusque-là, ceci est possible* est le sens de la transgression. » (*Er.*, 73, souligné par Bataille)
« Transgression vide, image du mouvement de toute transgression que ne précède nul prohibé, mais qui ne pose pas non plus la limite par le franchissement de l'infranchissable. Ni avant, ni pendant, ni après. C'est comme dans une autre région, l'autre de toute région. (...) La transgression n'appartient ni au jour ni à la nuit. Jamais elle ne rencontre la loi qui cependant est partout. Transgression : l'accomplissement inévitable de ce qu'il est *impossible* d'accomplir – et ce serait le mourir même. » (Blanchot, *le Pas au-delà*, 147)

Une volonté de chance

La trangression n'est pas négation de valeurs, n'est pas figure d'un manque, mais volonté de chance, risque pris avec la mort et l'excès. En cela, elle est ignorance et passivité : ignorante de toute valeur comme de tout projet. Elle n'est qu'instant (enfance) ; elle n'est donc qu'affirmation. Elle ne nie pas, ne critique rien ; elle ne s'inscrit pas dans un procès de résolution ou de discursivité (la limite transgressée est reconduite, et donc à nouveau à transgresser ; il n'y a là ni synthèse ni discours stable possibles). L'excès étant toujours plus excessif, la transgression ne connaît ni repos ni point d'arrêt. Tout point d'arrêt n'est que moment propice à une nouvelle transgression, à un rebondissement du geste, à sa répétition qui ne le répète pas exactement. Simple affirmation dans l'instant, et donc n'affirmant rien de précis, « affirmation non positive » (Foucault), la transgression est la danse et le jeu nietzschéens et non la positivité thétique de Hegel.

> « Dans la mesure où ils le peuvent (c'est une question – quantitative – de force), les hommes recherchent les plus grandes pertes et les plus grands dangers. Nous croyons facilement le contraire, parce qu'ils ont le plus souvent peu de force. Que la force leur échoie, ils veulent aussitôt se dépenser et s'exposer au danger. Quiconque en a la force et les moyens se livre à de continuelles dépenses et s'expose incessamment au danger. » (*Er.*, 96)

Si l'espace de la transgression est ainsi comme hors-histoire (et donc hors-morale, hors-sujet), si la transgression est dépense sans calcul, consumation sans lendemain (ni l'espace de la réflexivité puisqu'elle ne se pense pas, ne se pose pas et ne s'affirme que pour s'effacer, n'affirmant ni ne niant quoi que ce soit – ni celui de l'action puisqu'elle n'est pas projet et n'aboutit à rien), l'espace de la transgression est celui même de *l'expérience*, fait de continuelles dépenses, d'excès des forces. Expérience à la fois des limites et de l'Illimité, de la nuit et de l'excès, de la souveraineté silencieuse et perdue en même temps. Il s'agit là d'un mouvement quantitatif, d'une économie à perte des forces, d'une volonté de danger et de chance. La transgression ne débouche sur aucun discours, sur aucune pensée, sur aucune action mais va se perdre dans la jouissance (comme point de condensation des forces), dans le rire, l'horreur, les larmes... *mêlés*. La transgression est le regard porté jusqu'à son épuisement sur la photographie du supplicié chinois, jusqu'à la limite où ce regard ne peut plus soutenir le spectacle, défaille, devient aveugle : et c'est l'extase.

C'est dire que la transgression, étant *expérimentale*, est une *pratique* [32], une mise en jeu et non une mise en discours. A la limite, il n'y a jamais de Transgression (en tant que mouvement assignable ou concept pensable), il n'y a que des pratiques, des conduites de transgression, singulières, éphémères, se chevauchant, se combinant, à la fois hétérogènes et illimitées, jeu quantitatif, mise en jeu de forces. La transgression est une *énergétique*. Énergétique de la démesure et de la violence.

> « Cette abolition des limites qui nous laissait l'un à l'autre perdus (...), j'y voyais la mesure de Dieu où jamais je ne vis que l'illimité, la démesure, la démence de l'amour. » (*Ma mère*, éd. 10/18, 108)

Car le double mouvement : limitation/transgression se meut dans la violence. C'est par la violence que s'impose l'interdit, lequel a toujours un travail pour objet et une limitation pour résultat. Mais c'est aussi par la violence que la transgression s'effectue, qui toujours ouvre à l'excès, et joue dans la jouissance (et/ou la mort). On aurait ainsi deux procès :

- violence/interdit/limitation – TRAVAIL
- violence/transgression/excès – JOUISSANCE, MORT

Il s'agit donc de deux mouvements qui ne sont pas extérieurs l'un à l'autre. La transgression ne peut pas se passer de l'interdit [33] qu'elle lève certes, mais sans le supprimer (Bataille fait appel au terme hégélien d'*Aufhebung*, que Derrida traduit par relèvement, pour exprimer cette relation où il n'y a pas d'extériorité) et qui donc, d'une certaine façon, le maintient, et – le maintenant – l'accomplit.

Dessins de Fautrier pour *l'Alleluiah*,
éd. Georges Blaizot, 1947.

Un désespoir d'enfant, la nuit, des tombes, l'arbre ou l'on sciera (ou scia) ton cercueil agité dans un vent de bourrasque : un doigt glissé dans ton intimité, toi rouge, le cœur battant, la mort coulant longuement dans ce cœur.

Franchi le seuil au-delà duquel on trouve le silence, la peur..., dans cette obscurité sacrée, ton derrière nu, une main perdue dans la douceur de la fente, comme une bouche de Dieu mort, inspire la tristesse diabolique.

Se taire et longuement mourir sont les conditions d'une entière déchirure. Dans cette silencieuse attente, le plus léger attouchement éveille au plaisir brûlant. Que ton esprit se tende dans le sentiment de ton impudeur, de ta nudité. De là, glissant dans le fond du silence, et dans un recul infini, tu sauras de quelle infamie le monde est fait. Tu l'imagineras, tes organes en ressentiront les effets : tant de nudités brûlantes au bord du même abîme et saisies de la même horreur, haletant de la même façon.

Tu es marquée, tu le sais. Tu ne dois plus chercher à fuir.

> « L'expérience mène à la transgression achevée, à la transgression réussie qui, maintenant l'interdit, le maintient *pour en jouir.* » (*Er.*, 43 ; c'est Bataille qui souligne)

Il faut donc au sujet « une sensibilité non moins grande à l'angoisse fondant l'interdit, qu'au désir menant à l'enfreindre ». Et ce jeu d'une angoisse et d'un désir est le jeu de l'irrationnel. Car l'interdit, finalement, n'est pas moins irrationnel que la transgression. D'où l'aspect *sensible* de la transgression. Il s'agit du domaine de l'angoisse, de l'effroi, de l'horreur ; il s'agit de désir, de jouissance, d'évanouissement, non de discours ni de concepts. Le rapport de la transgression à l'interdit est un rapport de complémentarité. L'interdit rejette la violence mais exige la transgression qui libère cette violence.

Cette part maudite, cette réserve de violence qu'aucun interdit, système ou discours ne peut contenir et qui fait résurgence dans des pratiques transgressives n'est peut-être pas très éloignée de ce que Baudrillard appelle le symbolique [34]. Bataille écrit lui-même :

> « La pensée symbolique, ou mythique, qu'à tort Lévy-Bruhl appela primitive, répond seule à une violence dont le principe même est de déborder la pensée rationnelle, que le travail implique. » (*Er.*, 52)

Cette pensée symbolique, cet excès n'adviennent que dans la mesure où « l'impératif de sens a été balayé et la référence de sens « liquidée » [35]. Il faut épuiser le recours au sens, il faut que le sujet s'évanouisse, chavire, tombe de l'ordre du discours à celui de l'excès, pour que la jouissance s'accomplisse, pour que la transgression s'effectue.

> « Seuls les sujets dessaisis de leur identité (...) sont voués à la réciprocité dans le rire et la jouissance. » (Baudrillard, « Au-delà de l'Inconscient, le symbolique »)

Ce débordement de la pensée rationnelle (liquidation du sens), cette perte d'identité (chavirement), cette exténuation de la valeur (ambivalence) qui sont les caractéristiques de la transgression (ou du symbolique pour Baudrillard, sans que nous cherchions à assimiler ici les deux) marquent le travail d'une certaine négativité, le travail du symbolique comme annulation de tout système (de sens, valeur, projet, signe) et comme excès. Peut-être la transgression est-elle ce mouvement de transversalité, indéfinissable parce que non discursif, figural, qui brouille tout effet de code ou de signification et indique la voie de la souveraineté. Lieu sans lieu, atopique parce que nocturne et ignorant, procès sans valeur ni signification, mouvement sans finalité ni sens, simple désir de chavirer, simple cri de la jouissance.

Rapport de violence à violence, de la violence masquée à la (même) violence libérée. Ainsi du rapport de la transgression à l'interdit de la mort. Car la mort en tant qu'approche repose sur un interdit. Socialement, il ne faut pas voir la mort. Il faut, par le discours, la masquer, la désamorçer en tant que violence. Il ne faut en dire que ce qui en permet la neutralisation. Le discours peut admettre ainsi les os blanchis, simulacres de la mort, substituts neutres, mais refuse les corps en pourriture. Il faut que l'interdit impose le silence à la souillure et remplace celle-ci par le respect.

> « Ces os, qui leur semblent vénérables, introduisent un premier aspect décent – solennel et supportable – de la mort, cet aspect est encore angoissant, mais sans l'excès de virulence active de la pourriture. » (*Er.*, 62)

Or l'interdit porté sur la mort comme horreur et souillure exige, là encore, sa transgression, requiert le désir de cette souillure, la fascination par l'horreur. Le désir de chavirer est aussi désir de pourriture, de vomi, d'urine, de nausée... désir de Marie pour le nain (dans *le Mort*), de Mme Edwarda pour le chauffeur de taxi, etc. L'interdit transforme le cadavre en un rien par la violence qu'il refrène : celle de la force du pourrissement, du grouillement des vers, et par une violence qu'il impose : celle du discours du respect, de la solennité des os blanchis. La transgression remet la chair pourrissante sur les os, en revient au grouillement, refuse la neutralisation et la fait craquer. Elle rouvre le vide que le discours de l'interdit avait masqué et tenté de combler. Car il s'agit de rouvrir la blessure, d'en revenir à la ligne de faille qui permet et exige la communication.

> « Je puis me dire que la répugnance, que l'horreur, est le principe de mon désir, que c'est dans la mesure où son objet n'ouvre pas en moi un vide moins profond que la mort qu'il émeut ce désir qui, d'abord, est fait de son contraire, qu'est l'horreur.
> Dans le premier mouvement, cette pensée excède la mesure. » (*Er.*, 65)

La pensée excédant la mesure s'effondre et s'évanouit. La transgression ouvre ainsi à la défaillance, à l'Illimite. Elle ouvre à la dépense et au luxe, c'est-à-dire au contraire même de ce que nécessite la pensée : un travail, une épargne.

Seul le capitalisme, dira Bataille, est un mouvement de pauvreté et de réserve, qui tente de produire à moindre frais et sans le moindre luxe. Mais la nature est violence et dépense ; les animaux consument à outrance et sans mesurer les éléments. L'homme seul, et l'homme capitaliste surtout, a opposé à la violence et à la dépense un interdit à l'abri duquel il produit et (se) reproduit en réserve, par défaut, à moindre coût. La transgression de cet interdit est ce qui rouvre l'homme à l'excès, à la dépense en pure perte, à fonds perdus, au luxe et au dénuement (et donc à l'angoisse, luxe le plus haut, le plus dénudé). La perte est ainsi, dans le domaine de la transgression, ce qui ouvre au commencement. Elle est le moment de l'inauguration, de l'ouverture du champ illimité.

Par la perte, dans la dépense à fonds perdus, s'inaugurent le commencement, la jouissance, la vie souveraine. Vivre en excès, c'est vivre à perte, c'est dépenser.

> « (...) plus les procédés qui engendrent la vie sont dispendieux, plus la production d'organismes nouveaux est coûteuse, plus l'opération est réussie ! Le désir de produire à peu de frais est

pauvrement humain. Encore est-ce dans l'humanité le principe étroit du capitaliste... » (*Er.*, 67)

Transgression indéfinie, transgression interminable

> « (...) par exception, la transgression illimitée est concevable. »
> « (la transgression) ouvre un accès à l'au-delà des limites ordinairement observées, mais elle réserve ces limites. » (*Er.*, 73 et 75)

Si la transgression reconduit la limite, c'est qu'elle est elle-même limitée. Il y a une limite à la transgression comme il y a une transgression toujours possible pour tout interdit. Le rapport est un rapport économique. L'interdit est le domaine du travail, de la production-et-consommation. Mais comme tel, il ne s'effectue qu'en refrénant la gratuité, en la réservant, en constituant une « part maudite ». La transgression est ce qui libère cette réserve, la délie, en tant que la transgression est du domaine de la dépense, de la dilapidation, de la consumation effrénée, de la fête. Mais la fête ne peut se faire que dans le luxe, que dans la mesure où il y a une part maudite à exsuder, une réserve à épuiser. La consumation exige une part à consumer. Aussi la transgression n'est pas illimitée – sauf exception – car la part maudite n'est pas inépuisable.

> « Sous l'angle économique, la fête consume dans sa prodigalité sans mesure les ressources accumulées dans le temps du travail. » (*Er.*, 76)

La transgression, en tant qu'économie, s'inscrit dans le circuit : production/réserve d'excédent/consommation de la production/consumation de l'excédent. En ce sens, elle ne saurait être illimitée. « Sauf exception » dit Bataille ; et l'exception touche à ce qui, précisément, est inépuisable : l'excès toujours excessif, à savoir – la jouissance ET la mort, soit une autre économie, un au-delà de l'économique.

La mort excède toujours, la mort est partout. Et la transgression de la mort comme limite est illimitée (puisque la mort est partout) et infinie (la mort est inépuisable). L'interdit de la mort est excédé par la mort, et le désordre que la transgression de la mort met en jeu est désordre sans limite. La mort est ainsi ce lieu – hors-lieu, ce neutre affirmatif cependant (c'est-à-dire ambivalent, hors-valence) par où la transgression échappe à l'économique, saute hors du travail et de la production. Elle est alors de l'ordre sans ordre (démesure) du symbolique, toujours au-delà : excès excessif, annulation de toute limite (or, c'est sur la notion de limite que se pose l'économie). La transgression échappe par là, dira Bataille, à « l'humanité » et entre dans le « domaine du divin ». Et de même que Bataille affirmait que s'enfoncer dans l'expérience intérieure était « faire une expérience du divin », de même la transgression, en ce qu'elle est affirmation illimitée, ouverture sur l'infini des possibles, excès sur la mort, est – à proprement parler – un geste divin! A la fois Dionysos et Thanatos.

> « L'esprit de transgression est celui du dieu animal qui meurt, de ce dieu dont la mort anime la violence et que ne limitent pas les interdits frappant l'humanité. » (*Er.*, 94)

Et puisqu'ici le « divin » s'introduit dans le discours, il convient d'en profiter pour dénoncer un certain usage pieux de la transgression, sa manipulation religieuse (auxquels Bataille n'échappe pas entièrement, dans son hégélianisme). Nous avons affirmé à la fois que la transgression est une gestuelle et une pratique, c'est-à-dire qu'elle est affirmation pure, instantanéité. Nous avons dit qu'elle était liée à l'interdit tout en appartenant à un autre domaine que lui et qu'elle n'était donc en aucun cas avec lui dans un rapport dialectique. Il faut dénoncer toute interprétation de la transgression comme liée structurellement à la loi, à l'interdit, comme si la loi et la transgression étaient les deux facettes (les deux « structures » fondamentales et imbriquées) d'un même miroir.

Car cette interprétation fait basculer la transgression dans le manque ; la constitue en besoin, la lie et la limite en l'inscrivant dans une problématique du péché, de l'espérance... A penser ainsi la transgression, on reconduit en effet une conception du désir comme manque, de la conscience comme conscience malheureuse, et on réintroduit subrepticement une vision fautive et parousiaque du désir, c'est-à-dire la transcendance. A savoir : l'interdit comme source de culpabilité, la transgression comme signe du manque et comme projet de sa subsumation et réconciliation avec la loi. La transgression est ainsi liée à une visée historiciste (contraire à la notion bataillienne d'être sans délai), faite de péché, d'insuffisance, de manque dans le présent et d'espoir de comblement, de sens, de signification pour l'avenir. Or, la transgression n'a rien à voir avec la transcendance qui, partant d'un négatif, se déploie vers un sens absolu et réconciliateur. Elle n'est en aucun cas la « conscience » d'un manque, ou l'espérance d'une positivité/plénitude à venir. Il s'agit là d'une caricature pieuse de la transgression et, au sens plein, de sa récupération dans l'espace du sens religieux.

Nous avons dit que la transgression est une pratique. Elle est résolument située dans la totale immanence, dans « l'être-sans-délai ». Elle est résolument liée à l'excès et à l'affirmation de cet excès, c'est-à-dire à la violence, aux forces, au oui. Elle ne peut en aucun cas se comprendre comme liée au manque. Et quand Bataille parle d'un principe d'insuffisance à la base de la vie humaine, il s'agit d'une expérience des limites vécue dans l'exaspération du désir, il s'agit d'un Impossible nécessaire et crucifiant (le pal), lesquels sont en effet de l'ordre du négatif ; mais la transgression n'a pas partie liée avec ce négatif. Elle en est l'autre ; l'à-côté et non l'avers ou l'effet. On ne peut comprendre la transgression si on ne fait intervenir (contre Bataille lui-même s'il le faut) le principe de l'hétérogénéité. La transgression est une pratique hétérogène à toute autre pratique. La transgression ne rencontre l'interdit que de biais, pour le démasquer – en faire sourdre la violence, le déjouer –, et jamais pour se réconcilier avec lui ou pour en redoubler la négativité.

Aussi, à la limite, on peut presque affirmer qu'il n'y a jamais rien à transgresser parce que la transgression ne rencontre jamais la loi, et que partout cependant la transgression fonctionne, se pratique, parce que l'interdit est partout. Il n'y a pas là un rapport d'insuffisance à suffisance, de manque à comblement, mais une conjugaison, une conjonction de jeux de forces, de jeu, c'est-à-dire de ruse, de complicité et de masques.

Il faut dénoncer – serait-ce contre Bataille lui-même – une certaine lecture kantienne de la transgression, comme si on pouvait ramener le problème interdit/transgression à la problématique de la *Critique de la raison pratique*. Car il est vrai qu'une certaine homologie est toujours possible. Qu'en est-il, en effet, de ce jeu d'une loi, d'un interdit posé dans une origine au-delà de toute origine finalement, et de leur transgression ou de l'accord avec eux ? Pour Kant, la loi comme la liberté sont posées a priori sans qu'elles puissent faire l'objet d'une vérification concrète *(praxis)* ou d'une connaissance conceptuelle proprement théorique *(gnosis)*. La loi comme la liberté échappent pour Kant à l'ordre du jugement comme à celui de l'action. Elles ne se soutiennent que l'une par l'autre dans une sorte d'autonomie de fusion, de fusion réciproque. L'autonomie kantienne, c'est la volonté conçue dans son identité et continuité avec la loi. Or il y a parfois chez Bataille une tentation dans ce sens. L'expérience des limites, c'est la transgression vécue dans son identité/continuité avec l'interdit. Là encore, là aussi le sujet est un sujet séparé (de ses actions, de ses manifestations, de l'histoire). Tout est soumis au sujet (volonté, morale ou volonté de chance), mais sujet qui est scindé, sujet qui se scinde et s'exacerbe. Par la loi, le sujet kantien « reconnaît en lui la liberté, qui, sans la loi morale, lui serait restée inconnue [36] ». Par l'interdit primitif, Bataille s'ouvre à la violence de la transgression qui, sans l'interdit qui a repoussé la violence, n'aurait pas la force qui provient de cette violence refoulée.

« La transgression organisée forme avec l'interdit un ensem-

« La liberté et la loi pratique inconditionnée s'impliquent donc

ble qui définit la vie sociale. »
« (...) la transgression diffère du « retour à la nature » : *elle lève l'interdit sans le supprimer.* » (*Er.*, 72 et 41)
« Mais les interdits sur lesquels repose le monde de la raison, ne sont pas, pour autant, rationnels. » (*Er.*, 71)

réciproquement l'une l'autre (...) je me demande d'où prend naissance notre connaissance de ce qui est inconditionnellement pratique, si c'est de la liberté ou de la loi pratique. Elle ne peut naître de la liberté, dont nous ne pouvons ni avoir immédiatement conscience, puisque le premier concept en est négatif, ni conclure l'existence par l'intermédiaire de l'expérience, puisque l'expérience ne nous fait connaître que la loi des phénomènes et partant, que le mécanisme de la nature, juste le contraire de la liberté. Donc c'est la loi morale, dont nous avons immédiatement conscience (dès que nous formulons des maximes de la volonté). » (Kant, *Critique de la raison pratique*, PUF 1943, 29-30)

L'homologie s'épuise cependant quand intervient la problématique de la liberté, qui n'est pas du tout celle de Bataille (il ne s'agit pas de liberté : « *à tel moment et jusque-là, ceci est possible* est le sens de la transgression », *Er.*, 73, souligné par Bataille). La transgression, si elle est, ne peut être qu'en tant qu'expérience de l'Impossible ET ouverture à l'infini des possibles. En cela, de fait, elle emporte la loi, l'épuise, n'a donc plus rien à transgresser, n'est plus que cette crue qui noie le sujet, l'évanouit, le recouvre sans qu'il ait d'interdit à affronter. Vague qui déferle jusqu'à la limite de la grève, recouvrant d'eau et de sable le corps qui y est déposé.

En finir avec l'usage pieux de la transgression. En finir avec l'idée d'une transgression liée à la loi comme avec l'idée d'un interdit qui inscrit le manque au cœur de la conscience et la faute au sein de l'action. L'interdit (n') est (qu')un rapport social sans lien structurel avec la transgression qui est une figure, une gestuelle de l'excès et de l'affirmation. Il n'y a pas un rapport de doublet entre l'interdit et la transgression, il n'y a pas de dialectique dualiste et pieuse entre eux, mais une radicale hétérogénéité où seuls se jouent des effets de la mise en jeu. Car il s'agit bien de jeu, de ruse *(metis)*, de complicité (et non de com-préhension) et jamais de dialectique, de faute, de sens.

Blanchot écrit : « La transgression ne transgresse pas la loi (...) elle ne la rencontre même pas [37]. » Il faut saisir la transgression comme relevant d'un autre domaine, domaine qui n'est ni le même que celui de la loi, ni son double renversé. Il s'agit (dit Blanchot) « d'une autre région, l'autre de toute région ». La transgression n'est pas le jour (réconciliateur) d'une loi nocturne (le manque). Elle n'est pas non plus la nuit (dissolvante) d'un interdit nocturne (la faute). Elle est l'espace ambivalent et pluriel, ni diurne ni nocturne, où l'interdit est dévié, joué, excédé ; où la loi n'est ni rencontrée ni même aperçue, mais épuisée, emportée, exténuée par l'excédent des forces et par leur rire ; où la mort excède toute violation et l'emporte. La transgression ne viole pas la loi, ne la transgresse pas car elle ne la rencontre pas. Elle est toujours l'autre positif qui ignore la loi et ne fait qu'affirmer, faisant éclater la loi de par sa seule affirmation sans que la faute, le manque ou le sens soient jamais nécessaires. La transgression est ce mouvement rapide – ce passage au présent (au seul présent, enfance) – qui ne fixe rien, ne connaît ni ne reconnaît rien (ni loi, ni sens, ni faute), ne calcule ni ne projette rien (réconciliation ou espoir, ou action), mais traverse en s'en riant, en l'excédant, le champ des possibles. Mouvement qui fait resurgir la mort, le rire et la jouissance là où ils étaient masqués, liés, dans un jeu complice, dans et par la ruse, et le complot.

La transgression ne peut être que ce jeu joué avec la mort, que cette mort affirmative et affirmée qui danse et rit, sans lieu précis autre que celui de son présent évanescent : « la transgression, cette légèreté du mourir immortel », écrit Blanchot.

Un des poèmes de *l'Archangélique*, le manuscrit.
Aux pages suivantes : Jacques Hérold, illustrations et graphismes pour des poèmes de *l'Archangélique*. →

bande moi les yeux
j'aime la nuit
mon coeur est noir

pousse moi dans la nuit
tout est faux
je souffre

le monde ~~[illegible]~~ sent la mort
les oiseaux volent les yeux crevés
tu es sombre comme un ciel noir

Bande-moi les yeux
j'aime la nuit
mon cœur est noir

pousse-moi dans la nuit
tout est noir
je souffre

le monde sent la mort
les oiseaux volent les yeux crevés
tu es sombre comme un ciel noir

Je te trouve dans l'étoile
je te trouve dans la mort
tu es le gel de ma bouche
tu as l'odeur d'une morte

tes seins s'ouvrent comme la bière
et me rient de l'au-delà
tes deux longues cuisses délirent
ton ventre est nu comme un râle

tu es belle comme la peur
tu es folle comme une morte

L'érotisme, la mort

« L'érotisme ouvre à la mort. La mort ouvre à la négation de la durée individuelle. » Bataille, *l'Érotisme*

« Ma mère se bornait à reconnaître une impossibilité de venir à bout du désir qui, s'il n'est pas accommodé par la raison, mène à la mort. »

Bataille, *Ma mère*

L'érotisme et la mort

L'érotisme est lié à la mort comme la discontinuité est liée à la continuité dans laquelle elle fait incise, rupture. Ce qui vient, ce qui intervient avec la jouissance est de l'ordre de la fracture, du bris de la continuité (du sujet, mais aussi du discours, du corps...). Le jouir est toujours un mourir-à. Et il n'y a de mort que parce qu'il y a quelque part brisure de la continuité (évanouissement du sujet, perte de parole), perte du continuum. La mort n'est pas du côté de l'être, dont le ruissellement incessant ignore tout arrêt, mais du côté du sujet. C'est la reproduction (des individus) qui introduit en effet dans le glissement du fleuve l'hétérogénéité, l'isolement du sujet, la rive fixe où émergent une parole, un *je*. Au prix d'une perte de la jouissance et d'un éloignement de la mort désormais pensée comme séparée, vécue comme l'autre, l'envers ou l'au-delà. La reproduction fait scissiparité. Et cette rupture du continuum, ce découpage d'un lieu hétérogène et isolé – le lieu même du sujet – est rejet de la mort, mort repoussée, constituée en imaginaire d'un réel qui serait le (discours du) sujet. Car le sujet se définit et se pose de cet éloignement, de ce rejet.

Mais la mort – refoulée, ne cessant de faire retour, la continuité n'a de cesse de vouloir se rétablir, la « petite mort » de s'opposer au « plat mécanisme de la population [38] », le défi porté par le symbolique (au-delà de la coupure réel/imaginaire) à la survie maintenue dans l'économique [39]. L'érotisme apparaît ainsi comme le lieu d'éclatement (de toute disjonction, barre, séparation) et d'épuisement (de tout sujet, discours) où flamboie l'immanence absolue consumant dans l'instant l'individu séparé, portant les valeurs de l'économie à exténuation et brouillant les limites qui faisaient la distinction entre la vie et la mort.

> « De l'érotisme il est possible de dire qu'il est approbation de la vie jusque dans la mort. » (*Er.*, 15)

La mort comme l'érotisme offrent au regard le sens de la continuité, le oui de l'affirmation pure. Or l'affirmation ne se

← Nicolas Manuel Deutsch,
La Mort en lansquenet embrasse une jeune femme.

déploie pas dans le temps, ne se constitue pas en état durable et ignore toute limite. Elle ignore l'avenir comme la stabilité, simple éclat dans l'instant – elle ne produit ni ne reproduit rien. C'est la reproduction qui introduit la discontinuité et la négation et, en ouvrant un avenir, pose des valeurs et définit un état. La reproduction implique séparation et distinction (séparation du sujet individuel et du continuum ; distinction entre le sujet reproducteur et le sujet reproduit) alors que l'érotisme n'est que fusion, incandescence de l'éclatement de fusion. La reproduction conduit son travail scissipare et hétérogène qui aboutit à la constitution du sujet comme « individualité ». Mais l'intimité de la mort et la violence de la jouissance redonnent au sujet sa souveraineté illimitée qui efface toute limite et l'ouvre à l'excès. Réintroduire la mort dans la vie séparée, faire jouer la petite mort qu'est la jouissance dans le procès scissipare de la reproduction : tel est le défi de l'érotisme, défi à hauteur de mort qui aboutit à « la substitution d'une continuité merveilleuse entre deux êtres à leur discontinuité persistante » (*Er.*, 24). L'érotisme mène un travail de dissolution des formes constituées, de transgression des limites par épuisement ; il réintroduit l'ambivalence dans le jeu des distinctions, la réversibilité dans l'économie des valeurs et liquéfie le sujet séparé dont il fait « une eau parmi les eaux ».

> « Il s'agit d'introduire, à l'intérieur du monde fondé sur la discontinuité, toute la continuité dont ce monde est susceptible. » (*Er.*, 23-24)

Si l'érotisme a partie liée avec la mort, il est en même temps dénégation de la mort dans la mesure où il en est le refus, où il la refuse comme constituée en instance autonome, où il rend la mort et la vie inter-pénétrables, se renversant et s'équivalant ; où il est rejet du procès de la mort comme mort séparée, à savoir : la reproduction. Car finalement, la reproduction qui voulait assurer la vie (sa multiplication, sa transmission) ne fait que ré-assurer la mort et l'isolement mortifère des sujets. L'érotisme apporte à cette mort séparée (la survie) la continuité retrouvée qui se rit de toute distinction entre

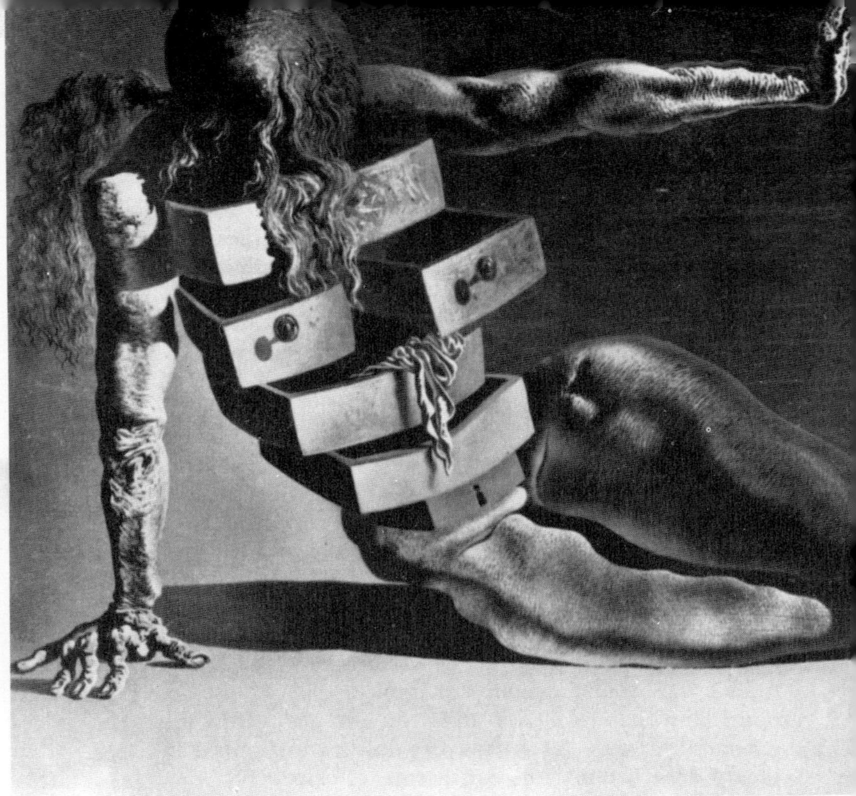

vie et mort et les confond dans un cri, dans la même et unique nuit. La reproduction accomplie, le sujet est rejeté (conforté) dans son isolement, il se retire comme les eaux pour se retrouver sur une grève déserte et glacée. L'érotisme, lui, joue comme une crue, comme le déferlement des eaux dans lequel le sujet submergé, noyé, se confond avec sa mort – confond sa mort avec sa vie, accueille le tout comme une chance, comme une fête, eau dans les eaux jusqu'à en perdre pied. La crue de la jouissance est le lieu mobile de la plus haute intensité (opposée au glacis immobile de la reproduction), de la plus haute ambivalence.

« La mort est toujours, *humainement*, le symbole du retrait des eaux qui suit la violence de l'agitation, mais elle n'est pas seulement

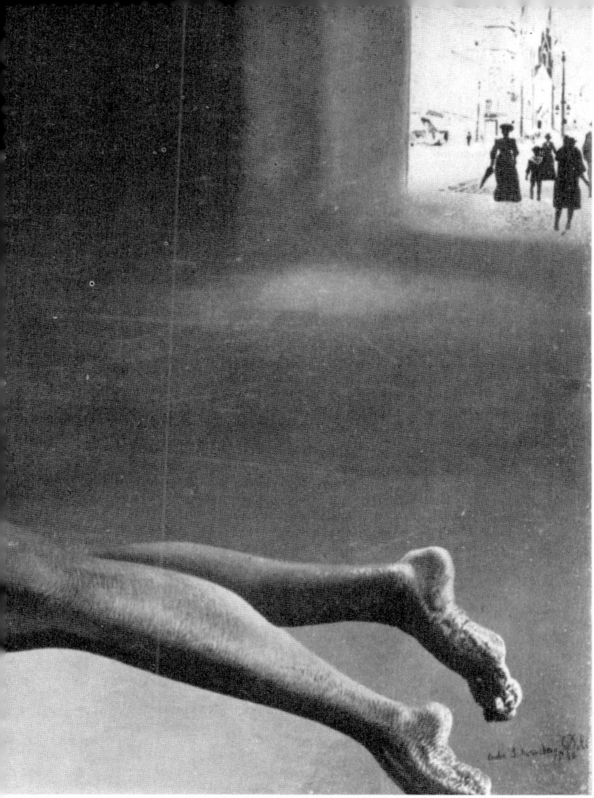

Dali, *le Cabinet anthropomorphique.*

figurée par une lointaine équivalence. Nous ne devons jamais oublier que la multiplication des êtres est solidaire de la mort. » (*Er.*, 110)

L'érotisme est une *pratique* dans l'instant (et donc échappe au discours comme il échappe à tout projet ou à toute valeur). Une pratique de la fêlure. La fêlure est un dés-ordre, un déséquilibre au premier aspect – mais elle est aussi accès à un ordre souverain, à un équilibre total (celui du continuum) sans rupture ni séparation – sans isolement ni hétérogénéité. Par la fêlure de la jouissance, le sujet porté à son incandescence quitte l'espace limité de la discontinuité pour glisser à l'indistinction et à l'ambivalence, pour retrouver la souveraineté illimitée du continuum. Et ce passage ne peut se faire que dans la violence puisqu'il y a effraction, bris de la clôture ; dans le déchaînement aveugle puisqu'il y a glissement dans l'infini nocturne de l'être, bref dans ce que Bataille appelle *un état de rage !* La rage est ce moment où la mort approche de la vie jusqu'à se confondre avec elle, dans une jouissance qui déferle comme une crue, porte le sujet à son évanouissement brusque et sans appel et l'ouvre ainsi à son hors.

> « Ce qui, selon moi, donne leur caractère aux passages de la discontinuité à la continuité dans l'érotisme tient à la connaissance de la mort qui dès l'abord lie dans l'esprit de l'homme la rupture de la discontinuité – et le glissement qui s'ensuit vers une continuité possible – à la mort. » (*Er.*, 114)

La nudité

Si l'érotisme est ainsi violemment lié à la mort, il ne saurait être autre qu'une ouverture illimitée du sujet, sa mise en jeu risquée mais totale, le lieu de sa perte et (donc) de sa souveraineté. Partant, rien n'est plus éloigné de Bataille qu'un érotisme de *divertissement* (au sens de Pascal : « le divertissement nous amuse et nous fait arriver insensiblement à la mort [40] »), où la mort est vécue comme devant être détournée, oubliée et donc encore rejetée. La mort, chez Bataille, est non seulement affrontée (dans l'effroi et l'angoisse), mais encore requise par le sujet qui s'y joue/s'y perd (dans l'extase).

> « (...) le pouvoir nous est donné d'aborder la mort en face, et d'y voir enfin l'ouverture à la continuité inintelligible, inconnaissable, qui est le secret de l'érotisme, et dont seul l'érotisme apporte le secret. » (*Er.*, 29)

Bataille en cela est proche des mystiques pour qui la plus haute jouissance et l'ouverture à l'Illimite nécessitent le passage par la perte, dans la mort. Une mort qui n'est plus rejetée dans un imaginaire lointain mais accueillie (de face) par un sujet qui prend le risque de s'y engloutir.

> « Je ne savais où chercher la vie dont j'avais soif, si ce n'est dans la mort. » (Thérèse d'Avila)

De même, rien n'est plus éloigné de l'érotisme selon Bataille qu'un laisser-aller éthique, qu'un hédonisme facile où le plaisir n'intervient que dans les limites possibles du sujet sans le mettre ni en jeu ni en péril. Et Bataille, de fait, s'oppose à ce qu'il appelle *l'affaissement de la pègre*, qui est un érotisme par défaut, à moindre coût. L'érotisme n'est rien s'il n'est pas affrontement de la mort, aspiration extrême et dépense risquée du sujet. Or l'hédonisme ne risque rien, ne joue ni ne perd rien, ne fait qu'accumuler des plaisirs (érotisme d'épargne, de réserve) et conserver ou reconduire les valeurs (au lieu de les exterminer). La *pègre* en fin de compte, pour Bataille, passe à côté de l'érotisme et en ignore toujours le *secret :* ce glissement extatique dans la continuité et la perte de soi.

> « Elle (la pègre) a seulement mis à profit les possibilités d'un relâchement global, fondé sur le peu d'imagination, limitant l'appréhension de l'avenir. Se livrant sans retenue au goût de la défaillance, elle a fait de la défaillance un état constant, sans saveur et sans intérêt. » (*Er.*, 266)

Sous le moralisme du discours (après tout, pourquoi la défaillance de la « pègre » aurait-elle moins de saveur et d'intérêt que l'érotisme de Georges Bataille ?), Bataille en fait refuse un érotisme qui ne serait pas conduite jusqu'au bout des possibles de l'homme et accès à l'homme entier (les dernières pages de *l'Érotisme* sont claires à ce sujet). L'érotisme implique ainsi à la fois un certain esthétisme (la « beauté ») et surtout la transgression : sans la transgression il n'est que retour à la nature (l'animalité), soit affaissement. Or l'homme entier est celui qui refuse les données de la nature (sa limitation, la reproduction) pour se risquer dans la nudité. L'hédonisme de la *pègre*, lui, ne transgresse rien, ne fait que subir et reconduire des pratiques que celle-ci ne domine pas et qui ne la mettent pas en jeu. L'érotisme au contraire est lié au sacré, à l'intimité de l'être dans le sacri-

Masson : « L'homme échappera à sa tête
comme le condamné à sa prison. »
Acéphale 1, 1936.

fice et la dépense luxueuse. En cela il est tout autant angoisse que plaisir, difficulté que facilité, blessure que jouissance.

« *L'expérience intérieure de l'érotisme demande de celui qui la fait une sensibilité non moins grande à l'angoisse fondant l'interdit, qu'au désir menant à l'enfreindre.* » (*Er.*, 43, souligné par Bataille)

L'expérience de l'érotisme est expérience de l'ouverture, ouverture qu'exhibe (sans l'épuiser cependant) la nudité.

« L'action décisive est la mise à nu. La nudité s'oppose à l'état fermé, c'est-à-dire à l'état d'existence discontinue. » (*Er.*, 22)

La nudité, c'est cet être-là jamais saisissable, c'est ce lieu inhabitable puisque tout entier ouvert, ignorant la limite, hors-discours, hors-sens. La nudité, c'est l'être-là de la continuité qui ne peut pas *être là* puisqu'elle n'est jamais vécue que sur le mode de la dispersion et de la fusion. C'est donc l'instant de la perte et de la dépossession où le sujet rompt son isolement et s'abandonne à l'autre. La communication n'a lieu qu'entre des corps exposés, des sujets dénudés que plus rien ne sépare et qu'unit un désir proche de la mort, insaisissable mais présent.

Cet abandon au désir immanent c'est ce qui sépare Bataille du mystique, du moins au niveau de la *tentation*. Face à la tentation, le mystique en effet refuse de céder et connaît l'angoisse, la peur. Pour Bataille, la jouissance au contraire est avant tout de céder, de s'abandonner à la tentation, de s'enliser et de se perdre. Mais il est vrai que pour Bataille, il n'y a pas de transcendance, que l'être est « sans délai » et que « seule importe l'intensité ». Et donc si le désir ignore tout avenir et toute suite ou conséquence, s'il n'y a pas de regard extérieur qui le juge, il n'y a que ce mouvement du sujet qui chavire dans l'immanence et s'ouvre à la nuit dans les larmes et le rire. Non sans angoisse car la nuit est l'inconnue et entraîne la perte, mais sans honte puisqu'il n'y a, à cet instant, que la fascination de l'excès et le glissement de l'être. Au « mourir de ne pas mourir » de Thérèse d'Avila, qui indique encore une réserve, une séparation du sujet, la discontinuité de qui ne se dépense pas entièrement dans l'instant, Bataille oppose un mourir-ici-dans-ce-mourir, la consumation immédiate (sans médiation ni transcendance), l'entrée dans la mort et le continuum, l'épuisement de toute séparation.

Rien chez Bataille ne sera jamais rendu au centuple, car

c'est dès maintenant que le sujet accède au centuple et qu'il le consume en un instant, sans réserve ni différé. Dans l'extase, le mystique aussi vit l'excès. Il y a bien chez le mystique ce désir d'aller au bout des possibles, le « je veux tout » – mais, dans le discours, l'excès est lié à un terme, et à un terme extérieur, transcendant. Le possible du mystique, l'Impossible possible, c'est Dieu. Dieu excède tout mais Dieu ne s'excède pas (d'où les thèmes du repos en Dieu, apatheia et ataraxie... auxquels Bataille oppose l'absence de trêve ou de repos). L'extase du mystique est une entrée en Dieu. Ce en quoi il se distingue de l'extase érotique qui – menée à son terme – est une absence de terme, qui ne connaît ni transcendance ni extériorité et dont l'entrée est entrée dans un ruissellement nocturne où le désir, à peine accompli, est reconduit. Il n'empêche! L'extase mystique comme la jouissance érotique se caractérisent par une perte du sujet, par la dissolution des limites, par l'entrée dans un royaume excessif où règne la souveraineté. En cela l'une comme l'autre sont un défi porté par la mort, l'outrepassement de tout discours dans une fusion. Mais l'érotisme, pour Bataille, étant pure et stricte immanence, est un dépassement plus incessant que celui de la mystique car il relève d'une totale absence de sens et de référent, d'une a-téléologie qui est éclatement en tous sens, hors le sens, éclatement du sujet et non union du sujet à un autre.

> « Ce que le mystique n'a pu dire (au moment de le dire, il défaillait), l'érotisme le dit : Dieu n'est rien s'il n'est pas dépassement de Dieu dans tous les sens ; dans le sens de l'être vulgaire, dans celui de l'horreur et de l'impureté ; finalement dans le sens de rien... Nous ne pouvons ajouter au langage impunément le mot qui dépasse les mots, le mot Dieu ; dès l'instant où nous le faisons, ce mot se dépassant lui-même détruit vertigineusement ses limites. » (*Er.*, 294-295)

Le mystique – dans l'extase – s'abandonne à Dieu même s'il ne le connaît pas, ne peut pas le dire, le voir. En ce sens, il est dépossédé de son être par un Autre, ce Tout-Autre

Celui qui confond la chance et l'angoisse, Dionysos.
Masson, *Acéphale* 1, 1936.

qui l'a choisi. L'homme de l'érotisme, lui, ne s'abandonne qu'à la chance et sa dépossession est une nudité que nul ne peut revêtir, un silence dans lequel nul locuteur ne vient parler, une nuit dans laquelle aucun feu ne peut brûler. Il est seul à brûler, seul à se consumer, sans avoir été choisi mais par seul hasard, et à la fin – son royaume est le royaume de l'échec et de l'annulation.

> « J'ai joué de toutes les contradictions inhérentes à ma nature en vivant " pour être vrai " tout ce qu'on porte en soi " jusqu'au bout. " (...) Je me suis dispersée aux quatre vents avec la certitude orgueilleuse de me retrouver au zénith et puis je suis tombée, vide, perdue, mutilée des quatre membres. » (Laure, *Écrits*, Pauvert 1971, 147)

L'érotisme, s'il est lié au tout du possible d'une part, si, d'autre part, il est ignorant des valeurs, codes, discours..., ne permet donc pas une théorie humaniste de la sexualité. Il n'y a pas pour Bataille, en fait, de sexualité bonne, épanouissante ou sereine. L'érotisme au contraire, met en jeu la violence désordonnée, le déséquilibre de qui touche à l'excès, l'angoisse sans recours de la nudité. L'érotisme, c'est :

> « Tout ce qui est lié à la sexualité profonde, par exemple sang, terreur subite, crime, tout ce qui détruit indéfiniment la béatitude et l'honnêteté humaine. » (*H.O.*, in *O.C.*, t. 1, 15)
> « L'amour brûlant — consumant l'existence exhalée à grands cris — n'a pas d'autre horizon qu'une catastrophe, une scène d'épouvante qui délivre le temps de ses liens ». (*Sac.*, 95)

La nudité selon Bataille n'est pas une gymnité esthétique. Elle est l'ouverture à la chance d'un corps qui – s'ouvrant – se risque et le fait dans la catastrophe.

Le souci éthique, chez Bataille, est toujours situé du côté de la mise en jeu et de la chance – jamais du côté du sujet séparé, de ses discours ou de sa pratique. Morale du sommet, elle est morale par excès, jamais par défaut. D'où les critiques que Bataille porte au christianisme, dans la mesure où il voit en lui ce qui a refoulé, interdit le « sacré », au sens où il l'entend de sacrifice, de violence, de totalité agissante des forces (hétérogènes comme homogènes). Pour Bataille, le christianisme a finalement fait œuvre d'homogénéité en rejetant ce qui, dans l'érotisme, était lié à la violence, à l'immanence de l'instant, à la mise en jeu du sujet – pour mettre en place une morale de l'équilibre affectif, de l'inscription de la sexualité dans un état durable : l'amour, ou dans un avenir : la reproduction, confortant ainsi la séparation de la vie et de la mort, assurant du même coup l'hétérogénéité du sujet et la survalorisation de la vie sur la mort. Le christianisme, ajoute Bataille, conforte ainsi l'idée même de séparation et le dualisme ici/ailleurs, immanence/transcendance, vie/mort. Il a, à la fois, apprivoisé la sexualité en en détournant la violence et humanisé l'érotisme en le replaçant dans le cadre de la reproduction. A l'érotisme conçu comme « point de coïncidence de la vie et de la mort » (*H.O.*, 34), la religion substitue une sexualité conçue comme reproduction de la vie seule. Mais l'expérience de l'érotisme prouve que celui qui fait l'ange... fait la bête! et que l'homme entier est celui qui a la force de se nier dans l'instant et jusqu'au bout en tant qu'homme pour connaître « l'apothéose de ce qui est périssable, apothéose de la chair et de l'alcool aussi bien que des transes du mysticisme » (articles in *O.C.*, t. I, 554).

L'athéisme de Bataille se situe cependant aux antipodes d'un humanisme laïc. La mort de Dieu rend l'homme à la véhémence de la chair et du sacré, à cet idéal dionysiaque dont parle Nietzsche, « affirmation religieuse de la vie dans son entier, dont on ne renie rien, dont on ne retranche rien (noter que l'acte sexuel s'y accompagne de profondeur, de mystère, de respect [41]) ».

Face à cette affirmation multiple et joyeuse, le « sérieux » du religieux semble à Bataille pusillanime et futile, vécu de façon préservée et frileuse, tant il est vrai pour lui que la dépense est plus difficile que l'économie et la joie plus profonde que la tristesse des moyens [42].

« Si nous ne croyons plus à l'interdit, la transgression est impossible. »
L'Érotisme.

Klossowski, *Diane et Actéon.*

L'érotisme et le corps

Si l'être est sans délai, immanence absolue [43] (cf. chap. I) et que le sacré a disparu en tant qu'organisation religieuse et discours métaphysique [44] (cf. chap. III), ne reste plus que le corps pour lieu de l'*expérience*. Il n'y a pas chez Bataille de « théorie » du corps. Mais on peut distinguer un régime du corps chez lui qui diffère radicalement de ceux vécus dans l'expérience mystique ou dans l'expérience du sacré religieux. Pour le mystique, comme pour l'homme de l'érotisme, ce qui advient du désir advient ici-là sur le corps. Mais ce corps est un corps singulièrement condensé, réduit, ramassé en un point qui est le point de fusion et le lieu de la jouissance. Or, ce point de condensation est comme étranger au corps : c'est un lieu mixte, mi-humain mi-divin, mi-terrestre mi-céleste (c'est la « fine pointe de l'âme », le *Grund*, la cime...). Finalement ce corps qui vit l'extase est, pour le mystique, un obstacle, un défaut et l'extase serait plus intense encore si elle était accueillie hors du corps !

Prostituées à Barcelone,
dans le quartier du Barrio Chino.
Le Bleu du ciel a été écrit
après un séjour de Bataille à Barcelone.

De même, dans l'expérience du sacré, le corps est lieu privilégié de l'inscription, lieu d'une désignation, mais à condition d'être déréalisé, à condition de changer de statut, d'être un peu plus qu'un corps, d'être à son tour sacralisé (blason, emblème, totem...).

Or, pour Bataille, à la fois tout se passe sur et dans le corps mais le corps n'est pas un lieu privilégié. Il n'y a pas de transcendance qui parle d'ailleurs et écrit sur le corps (stigmates des mystiques, signes sacrés) ; il n'y a pas de dépassement ou d'au-delà du corps. Ce corps qui, pour la mystique comme pour le sacré, était une instance privilégiée et donc à part ou autre (et de fait, le mystique n'avait de cesse de fuir son corps et l'homme du sacré de le glorifier, de le sacraliser... soit dans les deux cas de faire appel et référence à un au-delà du corps, à son envers), ce corps chez Bataille est ramené à son immanence sans recours. Il n'y a plus de désignation qui se marque sur le corps parce qu'il n'y a plus de place assignée au corps, qu'il n'y a plus de limite fixe qui indique un en deçà ou un au-delà du corps. L'expérience de l'érotisme n'est que ce cri dans la nuit qui ignore toute limite ou tout référentiel au corps. Ni obstacle, ni lieu de glorification – le corps n'est que ce jeu des possibles qui est tendu vers l'Impossible mais ne connaît que l'ici-maintenant de cette tension [45].

Aussi Bataille peut-il dire à la fois qu'il fait une expérience du sacré ou une expérience qui ne se distingue en rien de celle des mystiques et, en même temps, affirmer qu'il se sépare plus que quiconque de la mystique ou du discours religieux.

Érotisme et philosophie

Le statut du corps que les textes de Bataille dessinent met profondément en question la possibilité d'un discours théorique ou philosophique. Quand s'évanouit dans l'instant le sujet, quand il perd la parole et perd le souffle, quand le sens s'épuise et que toute valeur est contestée, que reste-t-il de la prétention à tenir un discours suivi, un discours thétique ? Car si le sujet ne se révèle souverain qu'à l'instant où il glisse à l'excès silencieux, à l'immanence totale, aucun discours thétique ne pourra être tenu sans en revenir au sujet isolé, sans reconduire la scissiparité, sans abandonner la tache aveugle pour poser un regard extérieur à l'immanence du désir [46].

Aucun discours finalement ne peut être produit sur/dans la jouissance. Le discours ici n'est jamais que re-produit, différé ; comme tel il appartient à la sphère de l'économie et qui plus est d'une économie de l'épargne, de la réserve : réserve de sens, de valeurs accordés à un référentiel, à un vouloir-dire. Il se déploie ainsi à l'intérieur de la clôture du sujet, dans l'hétérogène et, à son tour, ne se pose qu'en éloignant, repoussant la mort qui le travaille et le rend nul, se construisant sur la place vide que laisse l'évacuation de la mort. Mais la mort, se retirant, laisse le sol qu'elle quitte marquée par elle et c'est toujours sur un sol mortifère que s'élève le discours. Le seul discours possible de l'érotisme serait un discours hors-sens, un discours de l'absence de référence et de l'extermination des valeurs : cri et glossolalie d'Artaud, émergence folle du poétique, écriture brûlante des mystiques, soit des textes catastrophiques. Encore que pour Bataille ce discours soit au-delà même de la mystique qu'il juge encore trop réservée, pas assez excessive ; au-delà même du poétique qu'il trouve encore trop attaché à la forme, au travail du mot, bref au spectaculaire de la langue. Car le discours de l'érotisme... commence où s'épuise la réflexion et le travail ; il s'inaugure dans une perte et ne parle que de démesure ou de « folie ».

« Le fait de nous tenir ouverts à une possibilité voisine de la folie (c'est le cas de toute possibilité touchant à l'érotisme, à la menace ou plus généralement à la présence de la mort ou de la sainteté) subordonne continuellement le travail de la réflexion à quelque chose d'autre, où justement la réflexion s'arrête. » (*Er.*, 284)

Lascaux : Bataille y a consacré un ouvrage
Lascaux ou la Naissance de l'art.

Le discours de l'Impossible, qui en affirme la véhémence, qui tente dans la désespérance de dire l'indicible est le seul discours qui vaille la peine (la joie) d'être tenu, dans les larmes et dans le rire. Mais il ne prend naissance que lorsque tout système de sens est exténué. Il vient de l'*expérience* qui est au-delà du linguistique, et se meut dans des inscriptions blanches (un langage égal à zéro), incantatoires ou fragmentaires – qui jouent à la fois de la répétition et de la dérision (comme affirmation de la différence) et récusent toute possibilité de sérieux, de logique ou de mise en scène (scène du sens, de l'organisation sémique, du référentiel...). Il est, au sens fort, ob-scène, en dehors de la scène de la représentation. Né de la nuit il en crie, dans la catastrophe, la supplication vide.

Il n'y a donc pas de système philosophique pour l'homme de l'érotisme. Bataille ne peut que rêver Hegel! L'excès n'est jamais dit; l'aigle toujours reprend son vol sans livrer le secret de sa venue. Et l'excès demeure excès jusqu'à ce que le souffle finisse par manquer, le serpent par être avalé. Il n'y a plus alors que le silence des sables secs et ce rire qui s'y élève. Ce à quoi mène l'érotisme, la continuité, ne peut être dit sans être *rompu* [47].

L'alpha et l'oméga de la philosophie sont a-philosophiques et le discours de la philosophie est troué de part en part par une voix qui ne se laisse ni reconnaître ni assigner. Il faudrait que la philosophie puisse accueillir le silence ; mais la philosophie ne peut pas se taire : elle produit et travaille... ou elle se dissout!

> « Le sens dernier de l'érotisme est la fusion, la suppression de la limite. » (*Er.*, 143)

Ce qui du discours est attendu ne relève que de l'*expérience* qui ne relève pas du discours! L'attendu et l'aimé du langage ne sont pas soumis à un vouloir-dire ou aux règles du discours, mais à un simple coup de dés, à la seule et imprévisible volonté de chance. Et, à la fin, seul l'indicible requiert le discours. Tout ce qui en est vécu : la vie jusqu'à la mort, le voyage à l'extrême des possibles, la jouissance dans le rire et l'angoisse, échappe à la philosophie impuissante. Ce qui « est » pour Bataille, est du côté de l'extase, de l'évanouissement fulgurant, et non du côté du discours, pas même de la contemplation puisque l'*expérience* épuise tout : le sujet qui contemple comme l'objet contemplé. Il faut dès lors livrer la philosophie au silence, faire jouer dans son discours trop homogène les forces de choc de l'hétérogénéité et, inversement, réintroduire l'hétérogène qu'elle découpe dans l'homogénéité du continu. Afin que la philosophie glisse et ruisselle! Il faut y porter la mort jusqu'à ambivalence du discours et réversibilité des propositions qui s'écoulent dans le fleuve sonore. Livrer la philosophie au silence, ce n'est pas la faire basculer du côté de l'être (d'une nostalgie de la transcendance), mais du côté de la transgression interminable qui est la négation de tout fondement, recul désespéré de toute origine, refus de toute solution. L'excès – absolu – reste irrésolu. La supplication des sables n'est pas même une question – la question est toujours attente d'une réponse, discours de l'être et du sens. La supplication est la fête où est sacrifiée la philosophie, fête violente. Dans la nuit du discours philosophique porté ainsi à épuisement, il n'y a plus que le rire de qui a tout fracassé, et le cri sans espoir de qui voit tout annulé.

« Que serions-nous sans le langage? Il nous a faits ce que nous sommes. Seul il révèle, *à la limite, le moment souverain où il n'a plus cours*. Mais à la fin celui qui parle avoue son impuissance. » (*Er.*, 304)

Mise en jeu, chance et souveraineté

« Oui, jouer pour crier, mes frères, exige un *oui* sacré. »
Nietzsche, *Ainsi parlait Zarathoustra*

« La chance est l'effet d'une mise en jeu. Cet effet n'est jamais le repos. Sans cesse remise en jeu, la chance est la *méconnaissance* de l'angoisse... Son mouvement mène à la seule véritable fin de l'angoisse : à l'absence de réponse ; il ne peut venir à bout de l'angoisse, car afin d'être chance, et rien d'autre, il lui faut *désirer* que subsiste l'angoisse et que la chance demeure en jeu. »
Bataille, *le Coupable*

Continuité, discontinuité : la communication

L'*expérience intérieure* étant ouverture du sujet à son dehors – exposition à l'Illimite (le dehors de la pensée, c'est ce qui ne la limite plus, en noie les limites), blessure qui le porte à se dépasser (non pas dépassement de type *Aufhebung*, mais éclatement) en tant que sujet individuel, clos – est, dans le même mouvement, désir de communication, impossibilité de ne pas communiquer. Or la communication exige un sujet qui, rompant avec sa discontinuité propre, individuelle, se risque et se met en jeu (il s'agit donc de risque, de pari et de défi et non d'un mouvement conceptuel dialectique – de même qu'il s'agit de mise en jeu, de chance et non de discours ou de pratique organisée). Le coup de dés nietzschéen!

Rompre avec la discontinuité individuelle, c'est du coup retrouver le continuum et la communication – et par là, assurer la coupure et l'hétérogénéité du sujet. La pensée du dehors est aussi ce qui fait retour sur le sujet clos pour le marquer et l'assigner. S'ouvrir à l'Illimite pour le sujet, c'est, paradoxalement, renforcer ses limites en les indiquant, c'est se constituer en sujet isolé, séparé. Le sujet apparaît alors comme ce qu'il est : non pas une autonomie de discours, d'actes, mais une discontinuité fragile, l'objet d'une rupture, un sujet de la scission (la scissiparité [48]) et du fragmentaire. Il se révèle comme séparé (d'autrui, de la mort, de l'être), situé dans un isolement qui ne garantit que son vide, l'absence de (son) propre, son « improbabilité constitutive » (*Sac.*, 91).

Il faut au sujet le passage par l'éclatement, la dispersion de ce néant qui est le sien – dans le continuum, le passage par le « moi-qui-meurt » pour qu'il accède à la communication (par éclatement de sa pseudo-autarcie) et à la souveraineté (par entrée dans le ruissellement de l'être). Passer de la discontinuité comme clôture au continuum souverain et illimité,

← Bataille en 1961.

se faire « eau dans les eaux » demande une « faille » par où la mort puisse s'introduire dans le sujet individuel et, violemment, l'ex-pulser de lui-même vers son dehors, le noyer dans la crue de l'être, dans le flux infini des eaux.

> « La communication demande un défaut, une " faille " ; elle entre, comme la mort, par un défaut de la cuirasse. Elle demande une coïncidence de deux déchirures, en moi-même, en autrui. » (*C.*, 266)

La mort qui s'introduit par effraction dans le sujet clos le porte à l'affolement de la défaillance, le convoque à sa perte et, dans la perte, le mène à la souveraineté du jeu, de sa *mise en jeu*. Deux déchirures ici coïncident en effet : celle qui rompt la discontinuité individuelle (effraction, blessure) et ouvre ainsi le sujet à la communication, et en même temps celle qui, ouvrant à la communication, donne accès au continuum, porte le sujet éclaté au vertige de l'excès.

> « (...) la direction obstinée de l'avidité de la vie vers la mort (...) n'apparaît plus comme un besoin d'annulation, mais comme la pure avidité d'être *moi*, la mort ou le vide n'étant que le domaine où s'élève infiniment – par sa défaillance même – un empire du *moi* qui doit être représenté comme un vertige. » (*Sac.*, 92)

Par ma mise en jeu, je fais éclater la fausse intégrité de mon être, j'y porte le coup angoissant de la mort, je m'ouvre à l'autre qui, en retour m'altère, mais aussi j'accède à l'empire sans partage du continuum qui est le domaine de la chance comme effet de cette mise en jeu et de la souveraineté comme espace de la chance. Et ce mouvement qui, à la fois, ouvre au continuum et pose l'hétérogénéité, est un mouvement incessant, sans cesse reconduit, « sans trêve ni repos », ne répondant à rien d'autre qu'à lui-même comme exigence de son propre épuisement, de sa propre reconduction. Soif jamais altérée, avidité nulle part comblée, aspiration de l'insatiable, il est ignorant de tout, car pour être il n'a précisément qu'à être ce qu'il est : pur jeu, simple pari, posé dans l'immanence totale, risque pris avec la mort. En cela Bataille peut parler d'une *catastrophe*. La stratégie du sujet qui le conduit à son anéantissement est une stratégie catastrophique, un coup de chance.

« (...) la pensée vit l'anéantissement qui la constitue comme une chute vertigineuse et infinie ; ainsi n'a-t-elle pas seulement la *catastrophe* en tant qu'objet : sa structure même est la *catastrophe* [49]. » (*Sac.*, 94)

« Comme la mort » ... car la mort, en effet, vient épuiser, sacrifier le sujet, le projette dans l'Illimite, le met en jeu dans cette chance ultime : la défaillance de la vie, le dernier cri. Le sujet, cette discontinuité éphémère, se rompt. Il est porté à l'excès et c'est là sa chance : un sommet! Or les sommets sont signes à la fois de vertige, de solitude... et de maîtrise, de légèreté. « Comme la mort » ... Or, il n'y a de mort que parce qu'il y a rupture de cette *cuirasse :* l'ipse. Mais aussi, il n'y a de mort que parce qu'il y a entrée dans le continuum, mise en jeu face aux effets infinis de la chance, sur des sommets toujours plus inaccessibles (l'Impossible) quoique toujours outrepassés (transgression). Double mort du sujet : par défaut, il est blessé, scindé – par excès et il défaille. La chance en cela est bien liée de façon privilégiée à l'érotisme : c'est la jouissance qui à la fois fait éclater le sujet individuel en tant que discours limité (y introduit l'autre, le désir de l'autre comme trace indélébile et exigeante), lui porte le coup de « la petite mort » – et aussi lui redonne accès au continuum, à l'excès de vie, en le faisant échapper au seul et triste mécanisme de la population. Si la reproduction est bien la discontinuité ré-affirmée, la scissiparité redoublée, la petite mort ne peut intervenir que comme blessure de l'ipse et entrée immédiate dans l'infini des possibles, où la chance brille comme ivresse, comme extase [50].

« Pour nous qui sommes des êtres discontinus, la mort a le sens de la continuité de l'être. (...) La mort qui toujours supprime la discontinuité individuelle, apparaît chaque fois que profondément la continuité se révèle. » (*Er.*, 17 et 107)

La mise en jeu se révèle ainsi comme cette dérive légère, cette danse des sommets où le sujet, dépassant les limites de son individualité, se perd et s'engloutit dans le continuum, s'ouvre au vertige de la communication. La mise en jeu risque et épuise le sujet. Là où il joue sa chance, le sujet chavire. Mais, paradoxalement, ce qui ouvre le sujet à l'excès est auparavant ce qui le blesse et l'altère, ce qui le constitue en sujet hétérogène. Tant il est vrai, pour Bataille, qu'il n'y a pas de chance sans angoisse, pas de pari sans travail de la mort, pas de vertige du sommet sans chute dans les profondeurs, bref pas d'entrée dans l'excès sans expérience de l'Impossible.

1	Dépassement de l'ipse individuel Effraction de la discontinuité individuelle (scissiparité, reproduction)	Entrée dans le continuum (ruissellement de l'être) Accès à la communication « petite mort »/jouissance
2	Perte, risque, mise en jeu	Chance et sommets
1 bis	Rupture de la « cuirasse » Faille, altération	Blessure Hétérogénéité
2 bis	Silence, mort Dépense	Expérience des limites L'Impossible

Le sujet discontinu, c'est le royaume de la reproduction triste, du discours solitaire et mesuré, où l'autre est absent et le corps n'est que cadavre. La continuité, c'est le royaume de la transe, où l'être est glissement, où la fête répond à la mort, le non-savoir extatique au discours et la jouissance des sommets à l'angoisse des corps reproducteurs. Fête, potlatch, consumation : tel est le sens au-delà de tout sens (parce qu'ayant épuisé les limites du sens), telles sont les *figures* de l'homme *entier*, de l'homme souverain [51].

La mise en jeu, l'éthique des sommets

La mise en jeu répond chez Bataille à une attitude éthique, à une « volonté de chance » qui est un certain rapport au sujet, à l'histoire, à l'action... La mise en jeu est avant tout questionnement inlassable, de qui questionne dans l'absence de réponse, dans l'impossibilité d'une réponse. Elle est donc mise en jeu des *valeurs*, dé-placement du sens et mise en lumière du dérisoire de l'action. A la fin, elle est ce qui, dans l'éthique, porte toutes choses à leur épuisement, c'est-à-dire au point où ne brille plus que le désir de chance, le désir de danser sur les sommets, dans le vertige de l'immanence et la proximité de la mort.

> « (...) le sommet moral est un moment de mise en jeu, de suspension de l'être au-delà de lui-même, à la limite du néant. » (*S.N.*, 44)

L'éthique de la mise en jeu est une éthique de la dépense et de l'exposition, une éthique de la *perte :* perte de l'ipse, c'est-à-dire du propre comme du proche... et accès à la dépense au-delà de toute valeur (épuisement de cette valeur, passage d'une économie de la valeur, de la production/consommation à une économie hors-valeur de la chance comme risque de tout dans l'instant, de la consumation comme dépense à fonds perdus) – désir du lointain comme impossible et pourtant nécessaire : le sommet, l'orgie, la débauche... mais aussi le silence absolu, la solitude glacée, le non-savoir sans recours... désir de l'au-delà du propre : de son autre ; soit ouverture à l'infini des possibles et inévitable communication :

« La “ communication ” n’a lieu qu’*entre deux êtres mis en jeu* – déchirés, suspendus, l’un et l’autre penchés au-dessus de leur néant. » (*S.N.*, 45)

La mise en jeu s’effectue dans une succession de dérobades, de lignes de fuite, qui correspondent au glissement et au ruissellement de l’être dans le continuum. La mise en jeu se dérobe ainsi sans cesse au sujet, mais aussi dérobe le sujet à lui-même, le porte à l’exacerbation de ses désirs et à son chavirement « dans les bras mêmes de la mort ». Le défi de la mise en jeu ne peut être que défi porté aux limites, à la mort. A hauteur de mort, le défi! En cela, il est toujours au bord de l’épuisement – en cela, il est *divin*.

« Le moi-qui-meurt, s’il n’est parvenu à l’état de “ souveraineté morale ”, dans les bras mêmes de la mort maintient avec les choses une sorte d’accord en ruine (...). Il défie le monde sans doute, mais mollement, se dérobe son propre défi, se cache jusqu’au bout à lui-même ce qu’il était. Séduction, puissance, *souveraineté*, sont nécessaires au moi-qui-meurt : il faut être un dieu pour mourir. » (*E.I.*, 86)

On reconnaît là, chez Bataille, les intuitions et mots thèmes constitutifs de la « morale » de Nietzsche [52].

la transmutation des valeurs	la mise en jeu comme contestation des valeurs
la danse de Zarathoustra	l’exaltation des sommets
le coup de dés, le jeu	la chance, le vertige, le risque
la négativité du positif	la négativité sans emploi
la double affirmation	le oui au oui
le surhomme	l’homme entier
Dionysos,	l’affirmation pure
don, chute	perte, consumation

« *Une morale vaut dans la mesure où elle nous propose de nous mettre en jeu.* Elle n’est sinon qu’une règle d’intérêt, auquel manque l’élément d’exaltation (le vertige du sommet, que l’indigence baptise d’un nom servile, *impératif*). » (*S.N.*, 50)

Rien de plus étranger cependant à cette éthique de la mise en jeu qu'une morale de l'héroïsme ou de l'effort. La volonté de chance n'est pas un volontarisme ; l'homme entier – pas plus que le surhomme nietzschéen – n'est un héros. Le héros conserve toujours au-delà de lui-même une valeur intouchable, la valeur des valeurs, la référence ultime qui lui assure le « sérieux » de ses actes et le rassure quant à l'existence de sa vie individuelle. L'héroïsme est un système de codes dans lequel le héros n'est souverain qu'à condition de (restriction) maîtriser ce système sans l'abolir et de respecter la règle du jeu. En cela, le héros est un homme du sens, du combat pour le juste sens (vérité) et pour les hommes justes (la veuve et l'orphelin !). L'homme entier de Bataille, l'homme qui se met en jeu, ignore toute règle de ce jeu, toute mesure ou adéquation du discours et fracasse à coup de marteau nietzschéen tout sens et toute valeur. Il ne met pas en jeu une simple image (reflet du code) de lui-même à l'intérieur d'un système de valeurs sûres. Il porte le défi à toute valeur et oppose au jeu réglé du sens la figure libre et imprévisible (c'est-à-dire sans justesse ni fausseté) du rire. Il se rit du sérieux du héros (« l'esprit de lourdeur » disait Nietzsche) en lui opposant l'ob-scénité (la mise hors-scène, hors-jeu) des actes, la vacuité (hors-sens) de ses propos, la perte de sa personne propre (angoisse), de l'ipse comme propriété et référence (dépossession). Si le héros est l'homme du combat, l'homme de la mise en jeu n'est homme que de l'affirmation pure, vide, affirmation de rien, insouciance légère de qui, face à la mort – au lieu de transformer cette mort en sens ultime ou en châtiment suprême, au lieu de la combattre dans l'exaltation triste du héros –, fait de sa mort une fête. Le héros ne sacrifie que son temps et ses plaisirs. Il est en cela un homme de la réserve et du renoncement, du réactif. L'homme souverain ne renonce à rien, ne réagit pas plus qu'il n'agit (au sens où l'action serait chez lui, comme chez le héros, rapportée à un système comportant projet, calcul, avenir et décision), se rit de tout code qu'il déplace et transgresse dans sa danse, et se sacrifie lui-même en connaissant le vertige de contempler son propre néant : le sacrifice de lui-même pour rien, à vide – le spectacle de sa propre perte dénuée de sens et d'intérêt mais porteuse de jouissance – le renversement de sa mort et de sa vie, l'une en l'autre s'involuant.

Blessure et communication : l'homme " entier "

La mise en jeu – si elle est – ne peut être que mise en jeu du *corps* (vertige, extase, souillure, ivresse) comme la communication est avant tout communication des *corps* (désir, jouissance, violence). Or ce corps, dès l'instant où il est blessé (désir de l'autre, trace de la souillure...), dépasse ses limites propres et s'ouvre à l'autre qui, en retour, l'altère, le blesse à nouveau. Rien ne s'ouvre du corps, que par sa blessure ; rien ne peut aller à l'excès que par la perte ; nul ne va à l'autre que par la fracture de son propre et rien ne tombe au silence qu'après le cri du sujet marqué sur son corps (l'alleluiah nocturne et sans fin de la femme amoureuse, du poète devenu fou, du mystique extasié). La blessure inscrit sur le sujet la cicatrice de son inachèvement et la trace à suivre pour retrouver son achèvement : de l'homme blessé vers l'homme entier.

> « Un homme se sait inachevé, imagine aussitôt l'être achevé, l'imagine vrai. Il dispose à partir de là non seulement de l'achevé, mais, en contrecoup, de l'inachevé. L'inachevé tenait jusqu'alors à son impuissance, mais, disposant de l'achevé, l'excès de sa puissance libère en lui le désir de l'inachevé. (...) Par ce qu'on peut nommer inachèvement, animale nudité, blessure, les divers êtres séparés *communiquent*, prennent vie en se perdant dans la *communication* de l'un à l'autre. » (*C.*, 262-263)

Il y a dans l'homme un inachèvement essentiel, la trace inscrite de l'Illimite ; qui le porte vers son « autre » et le blesse jusqu'à ce que – par excès de déchirure – il s'ouvre à l'achèvement qu'est la nuit. L'inachèvement n'est pas chez Bataille une fatalité, une résurgence du péché originel, la marque

Autant en emporte le vent.

Ce qui ressort à mes yeux de clair :

Il n'est plus temps d'être philosophe aujourd'hui

Il est temps d'être un homme entier.

D'être à la fois saint bon que mal l'homme de la connaissance, de la passion, de l'action

Ne représente nullement un monstre de science : au contraire un homme annulant la connaissance en lui, en tant que la connaissance pourrait l'absorber. Annulant la connaissance, l'oubliant, s'en moquant. De même sur les autres plans — sacrifiant tout au plus qui est la totalité.

C'est un mouvement de sacrifice d'abandon, qui mérite à proprement parler le nom de folie. La totalité d'un homme, en cela semblable à celle de la foule, exige non seulement la présence

l'idée de l'avenir

le sommet

le jeu

d'infamie du sujet séparé. L'inachèvement est cet écart dans la coïncidence, la faille qui laisse passer l'appel vers les sommets, l'attirance de l'envol, la figure du rire.

Porter le cri dans le silence du désert, porter la blessure du jour inachevé dans l'inachèvement illimité de la nuit – telles sont les voies d'accès à l'homme entier. Et, dans la nuit qui est sa souveraineté, le sujet dispose aussi bien de l'inachèvement (ruissellement nocturne de l'être) que de l'achèvement (épuisement du savoir), du silence que du discours, de la mort que de la vie. La blessure qui le faisait crier apparaît alors comme la ligne brillante dont il dispose à son gré, à sa (volonté de) chance – soit pour se sacrifier et se perdre en s'y attachant, soit pour s'ouvrir à l'excès et à la communication, en l'outrepassant jusqu'à l'effacer.

Bataille évoque cette blessure à double portée : limite/Illimite, souffrance/jouissance, clôture/ouverture à propos de la mort du Christ ; blessure de Dieu et de l'homme, dit-il – de l'homme-Dieu, blessure ouvrant pour les hommes l'infini du Créateur mais blessure marquant le Créateur des limites de la créature (mort, sang, souffrance...).

> « Une nuit de mort, où le Créateur et les créatures ensemble saignèrent, s'entre-déchirèrent et de toutes parts se mirent en cause – à l'extrême limite de la honte –, s'est trouvée nécessaire à leur communion. » (*S.N.*, 43)

Blessure « en deçà » du Créateur qui en vient au sang, aux cris et aux larmes (Gethsémani, croix et *lama sabachtani*). Blessure « au-delà » des créatures qui voient s'ouvrir l'infini des possibles et le royaume de l'excès (le voile du temple s'en déchire).

La blessure est perte et comme telle, elle est inauguration, ouverture à l'autre. Il faut la perte pour qu'il y ait ouverture à l'avenir comme ignorance, à l'autre comme altérité. Il faut la blessure pour qu'il y ait cri et jouissance du corps brusquement et violemment porté à son plus haut degré d'intensité, où son intégrité se rompt et l'ouvre à son dehors (souveraineté ex-tasiée).

Feuillet inédit
appartenant aux ébauches
du *Sur Nietzsche*.

WILLIAM

« Dans le domaine de la sensualité, un être de chair est l'objet du désir. Mais ce qui dans cet être de chair attire n'est pas l'être immédiatement, c'est sa blessure : c'est un point de rupture de l'intégrité du corps et l'orifice de l'ordure. » (*S.N.*, 45)

Il ne faudrait pas comprendre les textes de Bataille sur la blessure comme l'indication d'une éthique de la souffrance, comme l'éloge d'une douleur nécessaire dont le dépassement ouvrirait à la maîtrise. Il n'y a pas trace de ce type de dolorisme chez Bataille, de cette théorie de la primauté et nécessité de la souffrance, d'une prédominance de l'effort strident sur la joie. Bataille n'est pas Saint-Cyran! Il ne part pas de la blessure, pas plus qu'il ne la pose comme *moyen*. Il la constate sur le parcours du sujet. Il part de l'expérience, de la communication et va à l'accès à l'Illimite, à la souveraineté. Or la souveraineté, de fait, réclame la mise en jeu du sujet clos, réclame l'effraction de cette clôture, l'ouverture violente à la continuité. Cela implique de fait, toujours, blessure : dans le plaisir, dans et par l'autre, dans le savoir, dans la mort... L'accès à la souveraineté est *toujours catastrophique :* le défi porté est toujours violent (viol et violence). Non qu'il y ait, chez Bataille, la mise en place d'une hiérarchie des valeurs ou des chemins, comme s'il posait la douleur comme valeur suprême ; Bataille ne parle pas de valeurs mais de *chance*. Seulement la chance est ex-position du sujet, risque pris à hauteur de mort. Il n'y a pour l'individu discontinu que deux possibles : demeurer dans cette discontinuité et c'est alors la perte par défaut, l'ascèse, la voie du renoncement (du « ressentiment » dirait Nietzsche [53]). Ou entrer résolument dans la voie multiple et ouverte du cri, de la mise en chance comme *pari*, et c'est la perte par excès, accès aux sommets, entrée dans la danse. Homme entier blessé parce qu'altéré par l'autre et avide de communication, mais homme entier souverain parce que parcourant l'infini des possibles au-delà de toute limite.

« (...) la vie réserve une possibilité de communications nombreuses. Mais qu'elle vienne à manquer : ce qu'alors l'ennui

« La trajectoire dans laquelle je ne puis que tout brûler,
jusqu'à l'épuisement de la force humaine. »
L'Expérience intérieure.

révèle est le néant de l'être enfermé sur lui-même. S'il ne communique plus, un être séparé s'étiole, il dépérit et sent (obscurément) *qu'à lui seul il n'est pas*. (...) Je ne communique qu'en dehors de moi, qu'en me lâchant ou me jetant dehors. Mais en dehors de moi, je ne suis plus. (...) L'être dans la tentation se trouve, si j'ose dire, broyé par la double tenaille du néant. S'il ne communique pas, il s'anéantit – dans ce vide qu'est la vie s'isolant. S'il veut communiquer, il risque également de se perdre. » (*S.N.*, 46-47)

La blessure n'est que l'*effet* de la communication, la trace laissée par la mise en jeu, le signe déposé, sur le corps du sujet, de son ouverture à l'autre, stigmate marqué en retour sur lui lorsqu'il passe à l'excès et devient souverain. La blessure est, chez Bataille, comme le blason initiatique de l'homme entier.

Dionysos : le coup de chance, le jeu de dés

La chance ne se comprend que rapportée à l'immanence totale, à « l'être sans délai [54] ». Là/maintenant quelque chose m'advient qui me met totalement en jeu (nudité) et quasi malgré moi (dépossession), me portant jusqu'au point où mes limites se dissolvent, où je défaille – et à partir duquel j'entre dans la souveraineté de *cet* instant. La souveraineté n'est pas un *état*. Simple moment évanescent, elle se joue comme et dans un coup de dés et se perd de même. Imprévisible, elle est foudroiement. Foudroyante, elle conduit le sujet à l'extase. Devant la chance, la pensée défaille elle aussi – car la pensée, le discours, ne peuvent accéder ni à l'éphémère de la chance ni à l'extrême de la souveraineté. Aussi la chance ne peut-elle s'accorder qu'à l'angoisse et au rire, seules figures qui la peuvent refléter. Le reste, face à la chance, est trahison.

« Le besoin d'*assurer* la chance, de l'éterniser, est la malédiction de la chance d'os et de chair, l'apothéose de son ombre portée. La chance est d'abord reçue comme une déroute, un mouvement

Les choses elles-mêmes à la solidité et à la fixité desquelles croit la tête étroite de l'homme ou de l'animal n'ont aucune existence propre. Ce sont les éclats et les éclairs des épées brandies, le scintillement de la victoire dans le combat des qualités contraires... La consumation totale dans le feu est satiété... La satiété engendre le crime (l'hybris)... Toute l'histoire du monde serait-elle le châtiment de l'hybris? Le multiple, le résultat d'un crime?... Le feu... joue..., se transformant en eau et en terre..., il construit comme un enfant des châteaux de sable..., il les édifie, les détruit et... recommence le jeu à son début. Un instant de satiété. Ensuite, le besoin le saisit de nouveau... Ce n'est pas l'instinct du crime, c'est le goût du jeu, toujours à nouveau éveillé, qui appelle à la vie de nouveaux mondes...

NIETZSCHE, LA PHILOSOPHIE A L'ÉPOQUE TRAGIQUE DE LA GRÈCE (PASSIM).

Nietzsche et les fascistes,
Acéphale, 1937 (dessin de Masson).

d'effroi lui répond, suivi d'un refuge dans les larmes : puis lentement, terriblement, les larmes rient. » (*C.*, 341)

« La chance est un vin enivrant, mais elle est silencieuse : au comble de la joie, celui qui la *devine* en perd le souffle. » (*C.*, 275)

Divination de la chance qui impose à la pensée de ne pouvoir que la deviner, et au discours d'aller lentement, terriblement au silence. La chance, cette figure à deviner dans la nuit (*non formata sed formans* disait une formule mystique), pur souffle qui m'assaille et me fait suffoquer. Silencieuse, elle est liée à l'angoisse. Le coup de chance dénude et foudroie ; il suspend le discours, le rend caduc, dérisoire. Dans le silence advenu, le rire seul pourra répondre au cri angoissé. Le coup de chance, d'autre part, épuise toute possibilité d'action en se jouant de ce qui est nécessaire à l'action : valeurs, finalité, but. Pure gratuité elle échappe au projet comme à une pratique. Elle n'exige que l'abandon et le silence qui se vivent et s'effectuent dans le dénuement, dans la violence de l'effroi et de l'instant.

La chance intervient dans l'économie du sujet comme l'au-delà de l'économique, comme ce qui fait rupture et hétérogénéité dans l'ordre de l'économie ; elle survient comme affirmation pure (étant à elle-même sa seule autorité), opposée au travail (du négatif, de la dialectique) de l'économie, comme le pari insensé, l'audace folle opposés au calcul raisonné et au projet sensé de l'action. La chance inaugure un rapport au temps qui fracture le temps, faisant intervenir l'excès de l'instant dans la linéarité du temps, portant ce temps au vertige, le faisant s'emballer, le disséminant. La chance fait éclater la ligne du temps mais aussi la condense brusquement en un point (la tache aveugle) sans autre motif que son seul *oui*. Le coup de chance ignore ainsi l'avenir, la cause comme la fin ; il annule et extermine toute valeur, consume sur place toute production : simple défi brûlant dans la crue des larmes se muant en rire.

« (...) ces contradictions folles dont nous ne sortons d'ordinaire qu'en les niant, il m'a semblé qu'un coup de chance seul – donné dans l'audace du jeu – en peut librement triompher. » (*S.N.*, 16)

La chance, pour lors, devient cet horizon hors d'atteinte mais requis, la ligne au loin insaisissable parce que imprévisible et ne dépendant de rien que d'elle-même comme pur instant, ligne se faisant aspiration extrême, avidité insatiable, entraînant cette quête de l'Impossible vécue dans l'ivresse et l'angoisse, les larmes et le rire. Face au discours de l'économie, face au questionnement qui s'avère sans réponse possible, ne demeure que l'abandon à son propre et joyeux effondrement. Et cet abandon est déjà en lui-même chance devinée.

> « Le désir en nous définit la chance : c'est la transparence, le lieu de résolution de l'opacité. (...) La transparence n'est pas la suppression mais le dépassement de l'isolement individuel. Elle n'est pas *l'état* d'unité théorique ou fondamental ; elle est chance dans un jeu.
> La chance se mêle au sentiment de *déjà vu*.
> Ce n'est pas le pur *être un* qui en est l'objet, mais l'être séparé ne devant qu'à la chance, à *lui* échue comme être séparé, le pouvoir qu'il a de nier la séparation. » (*S.N.*, 88)

A *lui* échue et à nul autre! Et en cet instant, en ce lieu. La chance se joue dans l'absolue singularité du sujet (liée en cela à l'hétérogénéité et à la discontinuité de celui-ci). Elle apparaît dans ce geste, cette parole, ce sourire... singuliers de ce sujet (la porte Saint-Denis, le verre de pastis, l'arène où se déroule la corrida, la forêt où chevauche la Mère...) et elle n'est jamais que *ma* chance accueillie et vécue ici, maintenant, dans *mon* corps. Et Dieu même, s'il existait, dit Bataille, devrait être, ne pourrait qu'être chance : rieuse et angoissée, imprévisible et foudroyante.

> « Je n'imagine pas de " puissance supérieure ". Je vois dans sa simplicité la chance, insupportable, bonne, brûlante. » (*S.N.*, 114)

Et le sommet se devine là où non seulement la chance tombe comme foudre et tourne comme un coup de dés, mais aussi où le sujet en succombe et s'abandonne à elle, suprême passivité.

Le cratère de l'Etna : « une fêlure aimée... »

« ... le souvenir de la montée à l'Etna me revint
à l'esprit et me bouleversa : ... nous étions épuisés
et, en quelque sorte, exorbités par une solitude
trop étrange, trop désastreuse : c'est le moment de
déchirement où nous sommes penchés sur la blessure
béante, sur la fêlure de l'astre
où nous respirions. » *Le Coupable*, note.

« Si le *sommet* s'atteint par le malheur – passivement – c'est qu'il est par essence la chose de la chance, qui échoit en dehors de la volonté, du mérite. » (*S.N.*, 164)

Passivité envers la chance attendue – gratuité angoissante de la chance advenue. Car qui dit passivité dit ouverture à l'infini des possibles, dit voyage imprévu dans le champ de ces possibles, mais voyage qui conteste tous ces possibles au nom de l'Impossible. Et cette contestation qui s'affronte à la chance pour la défier, qui veut aller plus loin encore que la chance offerte et présentée, qui veut trouver la chance au-delà de toute chance, ne peut être qu'angoisse et pari.

« L'angoisse dit : " impossible " : l'impossible demeure *à la merci d'une chance*. (...) L'angoisse seule définit tout à fait la chance : est chance ce que l'angoisse en moi tint pour impossible. (...) *Au-delà* de l'angoisse, la chance suspendue à l'angoisse, définie par elle. » (*S.N.*, 134-135)

Cet homme qui n'aperçoit sa chance que dans l'extrême angoisse et joue d'un même coup l'une et l'autre, confondant en les involuant le possible et l'Impossible, la chance et l'angoisse jusqu'à les vivre dans la même extase et le même supplice, dans les larmes mêlées de rire, c'est Dionysos. Et Bataille ici de citer Nietzsche si longuement qu'il en fait un Mémorandum ! Dont nous extrayons cette phrase pour la mise en jeu de Dionysos :

« Une *affirmation* cachée nous pousse, une affirmation plus forte que toutes nos négations. Notre force elle-même ne nous permet pas de demeurer sur ce sol ancien et décomposé ; nous risquons le départ, nous nous mettons nous-mêmes en jeu ; le monde est encore riche et inconnu et mieux vaut périr que devenir infirmes et venimeux. Notre vigueur elle-même nous pousse vers la haute mer, vers le point où tous les soleils jusqu'à présent se sont couchés. Nous *savons* qu'il y a un nouveau monde. » (*Mémorandum*, in *O.C.*, t. 6, 243)

Schématisons !

MISE EN JEU	angoisse, risque, terre inconnue chance, volonté, nouveau monde	
MISE EN JEU	ouverture du sujet (le départ)	au ruissellement de l'être (continuum) à autrui (communication)
	blessure du sujet (mieux vaut périr)	par autrui par l'Impossible
MISE EN JEU	la haute mer, les sommets (exaltation, vertige, extase)	l'homme entier,
	les chutes, l'angoisse (le venimeux, la souillure)	l'homme souverain

Genèse (s) de la notion de souveraineté

La notion de souveraineté apparaît chez Bataille avec son projet d'établir une *économie générale*. Et on ne peut pas comprendre ce qu'il en est de la souveraineté si on ne l'inscrit pas dans l'analyse faite par Bataille de la société en termes d'homogénéité/hétérogénéité.

Dans un article de 1933, intitulé « La structure psychologique du fascisme [55] », Bataille, partant de la théorie marxiste des trois structures (infra-structure économique déterminante et super-structures juridico-politique et idéologique [56]) veut conduire l'analyse non explicitée encore par le marxisme des rapports entre la super-structure politique et religieuse et l'économie [57].

Pour Bataille, il y a une homogénéité tendancielle de la société [58] fondée sur l'exclusion de toute violence (et donc par l'établissement et l'imposition d'un ordre), de tout sacrifice en tant qu'inutilité (et donc par la mise en place d'une économie du rendement et du profit). L'homogénéité tendancielle apparaît ainsi comme le consensus minimum qui élimine ou recouvre tout écart, toute différentialité ou singularité au profit d'un système (de production, de technique, de discours) monolithique. L'homogénéité fonctionne sur le double mode d'une commensurabilité (tout peut se mesurer, se comparer, s'échanger) et d'une conscience de cette commensurabilité (qui recouvre, schématiquement, la notion d'idéologie dominante). Soit un système économique (production/consommation/échanges réglés/profit) entraînant son discours propre (morale du profit, de l'ordre). Cette commensurabilité requiert l'érection et le fonctionnement homogénéisant d'une « commune mesure », dit Bataille, soit d'un équivalent général : l'argent [59].

Mais l'homogénéité devient rapidement la fonction soit d'un groupe (caste, classe), soit de l'État qui la confisquent et la monopolisent en même temps qu'ils prennent possession des moyens de production, des bénéfices du profit et du contrôle des échanges. Dès lors, elle n'est plus l'homogénéité de tout le corps social, elle ne couvre plus l'ensemble des discours, des pratiques et des individus. Déjà fondée au départ sur une exclusion de certaines forces (violence, gratuité, singularité), elle se renforce en multipliant cette exclusion : exclusion des forces hétérogènes persistantes : la folie, le désordre, la démesure, l'érotisme, et exclusion des groupes hétérogènes : le prolétariat (en tant que dépossédé des moyens de production et devenu ainsi force négative, lieu du refus), les fous (en tant que récusant tout discours de l'équivalence et de la commune mesure) ; mais aussi les fascistes (en tant que reproducteurs de la violence originaire refoulée, et agents des forces hétérogènes). Ainsi à l'homogénéité tendancielle répond une tendance structurelle à la « dissociation » ; une partie du corps social, exclue, cesse d'être en accord avec l'homogénéité sociale dont elle n'est plus bénéficiaire et rejoint les forces hétérogènes exclues au départ [60]. L'hétérogénéité est conditionnée par l'homogénéité sociale (qui domine) – mais, en retour, l'homogénéité tendancielle ne peut s'établir et se maintenir qu'en réaction étroite avec les forces hétérogènes. Aussi reste-t-elle « une forme précaire » qui ne se conserve qu'en intensifiant son ordre propre (l'économie de profit) et en multipliant les exclusions (ce qui du même coup, la restreint).

Telle est l'analyse que Bataille appelle d'économie générale.

Face à l'homogénéité comme état neutre, caractérisé par l'exclusion de tout écart, de toute différence, par le refus de toute gratuité et le rejet de toute démesure – et donc par un abaissement minimum des tensions [61], la réalité de l'hétérogénéité apparaît comme « la force de choc » qui ne se soutient que de la violence propre de ce choc. Et alors que l'homogénéité s'impose par une espèce de réduction *ad unum* de ses éléments et par une cohésion artificielle et précaire (l'État, l'argent, les appareils de pouvoir), l'hétérogénéité, elle, est fondamentalement contradictoire, dualiste (l'exclusion touchant aussi bien le prolétariat que le fascisme, l'obscénité que l'érotisme, la violence s'exerçant aussi bien de la part des groupes révolutionnaires que des mouvements fascisants ou des fous). Mais cette polymorphie de l'hétérogénéité connaît cependant ce que Bataille appelle un « principe impératif » qu'il désigne du nom de *souveraineté* [62].

> « La *supériorité* (souveraineté impérative) désigne l'ensemble des aspects frappants – déterminant affectivement attraction ou répulsion – propres aux différentes situations humaines dans lesquelles il est possible de dominer et même d'opprimer ses semblables, en raison de leur âge, de leur faiblesse physique, de leur état juridique ou simplement de la nécessité de se placer sous la direction d'un seul. » (« La structure psychologique du fascisme », *la Critique sociale*, in *O.C.*, t. 1, 351)

L'hétérogénéité est ainsi de nature ambivalente (répulsion ou attraction, fascisme ou révolution), mais son impératif propre la pousse à dominer en tous les cas, soit à faire effraction et violence dans la société homogène pour s'y imposer. Le propre de l'hétérogénéité étant d'être le « tout-autre » de la société homogène, son impératif la pousse à altérer cette société, à y porter la différence qui fait rupture et éclatement (extermination de l'équivalent général, éclatement de l'ordre, explosion de la violence, pratiques de dépense sacrificatoire). La nature de l'hétérogénéité, ce qui fonde sa supé-

L'obélisque de Louksor, place de la Concorde.
Bataille et ses amis voulaient y répandre
une flaque de leur sang et diffuser
un communiqué à la presse, signé D.A.F. de Sade,
afin de faire croire qu'ils y avaient tué Louis XVI.

« J'entrevois l'obélisque... Dans la nuit, la pierre levée
avait la majesté des montagnes. Elle était comme la mort
et les sables, silencieuse, belle comme les ténèbres
et fêlée comme un roulement de tambour. »

La porte Saint-Denis : sous son arche
se déroule l'une des scènes de *Madame Edwarda*.

riorité/souveraineté, c'est d'être l'altérité démesurée et irrationnelle qui fait intervention dans l'homogénéité sociale du système. En outre, autant la société homogène se montre incapable de produire les éléments de sa justification (puisqu'elle fonctionne à un régime minimum, de tension-zéro), autant les forces hétérogènes portent en elle séduction et auto-justification de leur autorité (le désir dans l'érotisme, l'ordre violent dans le fascisme, la négativité révolutionnaire).

> « L'union, principe de l'*homogénéité*, n'est qu'un fait tendanciel, incapable de trouver en soi-même un motif d'exiger et d'imposer son existence et, dans la plupart des circonstances, le recours à une exigence tirée du dehors a la valeur d'une nécessité première. Or le *devoir être* pur, l'impératif moral, exige l'être *pour soi*, c'est-à-dire le mode spécifique de l'existence *hétérogène*. » (« La structure psychologique », *ibid.*, 353-354)

L'hétérogénéité impérative est donc « l'hétérogénéité vague » portée à un tel degré d'intensité et d'autonomie qu'elle exige d'elle-même son établissement et son imposition et qu'elle débouche sur la souveraineté. La souveraineté est l'intrusion arbitraire d'une force qui se joue comme étant à elle-même sa seule autorité, comme la concentration des tendances exclues par la société homogène (sacrifice, gratuité, luxe, différentialité, érotisme). Elle impose l'ordre souverain du désordre dans l'ordre précaire lié à l'absence de tensions. Elle apporte au non apeuré de l'homogénéité le *oui* de son autorité. Contre l'économie de la production, elle impose la dépense à fonds perdus et l'inutile sacrifice ; contre l'uniformité de la société homogène, elle impose la singularité violente de l'individu unique. L'exclusion qu'avait posée la société homogène a fait naître une « avidité » de forces hétérogènes qui conduit, en retour, à la souveraineté (comme l'avidité insatiable de l'Impossible conduisait à la chance).

On reconnaît ici l'influence sur Bataille des thèses de Mauss [63] et la transcription qu'il a faite de la théorie du contre-don [64]. La souveraineté serait ainsi le contre-don apporté violemment à la société homogène par des forces qu'elle avait exclues. Reste à connaître la pertinence de cette théorie du contre-don en économie ! Quelles peuvent être la modalité d'émergence du contre-don et la modalité d'existence de forces hétérogènes autonomes si la société homogène couvre l'ensemble des discours et pratiques ? De quel lieu vient ce contre-don ? En quoi échappe-t-il à la réduction *ad unum* imposée par la société homogène ? Ne peut-on dire que cette société homogène contrôle et capitalise *aussi* les forces hétérogènes qu'elle monnaie à ses membres, les plaçant ainsi dans une situation de dépendance qui exclut toute possibilité de contre-don [65] ? Il y a parfois chez Bataille un naturalisme naïf qui ressemble à une nostalgie de paradis (an-économique) perdu (voir la thèse de l'énergie solaire dans *la Part maudite*).

Bataille a voulu « fonder » économiquement la souveraineté, empruntant à la fois les thèses de Marx et celles de Mauss. Il s'enfermait ainsi dans le discours de l'économie politique en ce qu'il a de plus dialectique (don/contre-don ; homogène/hétérogène ; exclusion de forces/retour de ces forces refoulées). Or, la souveraineté ne peut être pensée ni en termes d'instance ni en termes de concept. Il faut reprendre (contre Bataille même) la souveraineté au champ de la pensée dialectique. Nous pensons qu'il faut refuser cette recherche des causes, cette remontée vers l'origine. Le problème de la souveraineté n'est pas : d'où vient-elle, mais comment fonctionne-t-elle ? C'est moins en termes d'opposition dialectique qu'en termes d'altérité et d'ambivalence que nous voulons poser la souveraineté. Liée à la chance et au désir, elle est une énergétique (au sens nietzschéen), un jeu de forces affirmatives et violentes qui se situe au-delà de l'économique (Baudrillard dirait, mais peu importe ici, dans le symbolique !).

Les larmes de la souveraineté

« Souveraineté désigne le mouvement de violence libre et intérieurement déchirante qui anime la totalité et se résout en larmes, en extase et en éclats de rire et révèle l'impossible dans le rire, l'extase ou les larmes. » (*T.R.*, 143)

Qu'en est-il du sujet lorsque tout se résout pour lui en larmes, en rire ou en extase? Qu'est-ce qui – le blessant – le perd et pourtant le constitue? La souveraineté apparaît comme ce qui, à la fois, épuise toute possibilité d'un sujet, en rejette toute formalisation, en fait éclater tout lieu défini (éclat du rire, du sanglot, sortie-hors de l'extase), mais aussi dessine l'horizon très proche d'une intimité, d'une totalité permettant son émergence. Car la souveraineté tout d'abord s'oppose à l'individualité, à la clôture du sujet, à son *propre*. Par là, elle est ouverture, sortie dans l'infini des possibles, glissement vers le continuum et « glissement qui ne sait ni d'où il vient ni où il va » (*T.R.*, 68). Ce que Bataille ici suggère, indique métaphoriquement par ce mot d'*intimité* (qui est chez lui effectivement de l'ordre du métaphorique et non, comme chez Hegel, du conceptuel), c'est le contraire même, la contestation du sujet replié sur soi. L'*intimité* du sujet n'est pas un repli thétique du sujet sur lui-même (le pour-soi sartrien [66]) ou son absorption dans une stase qui l'accomplit (l'Esprit de Hegel [67]). Si le sujet se retourne sur lui-même, il ne voit ni ne saisit rien, rien d'autre que son vide, dont alors, il rit! De même, s'il sort de lui-même, ce n'est ni pour se fondre dans une vaste totalité qui le subsume ou pour se réconcilier avec une Histoire programmée – mais c'est pour affronter, dans l'angoisse, la nuit vide où rien ne se dit ni ne se prévoit. Et là encore, il en rit! Ce rire est la figure de son autre, l'indice de son ouverture, marque de son ex-pulsion hors de lui-même vers rien. L'intimité dont parle Bataille n'est pas un regard du sujet sur lui-même mais au contraire la blessure faite au sujet par son « autre ». Et l'être n'est rien s'il n'est cette ouverture à l'Illimite de l'altérité. Il faut que le sujet rencontre et affronte sa limite pour atteindre sa souveraineté. Face aux notions closes de projet, de discours du sujet, de maîtrise, qui toutes indiquent la possibilité d'un humanisme ou d'un langage religieux du sujet [68], Bataille avance les notions ouvertes de sacrifice, de blessure, de ruissellement nocturne de l'être, qui toutes indiquent un sujet sans discours, qui ne sait que crier mais qui communique intimement et intensément. Au sujet responsable, capable de réponse, qui construit et contrôle ses actes et son discours, Bataille substitue un sujet éclaté, hors-contrôle, dont la mort fait voler en éclats « la pénible antinomie de la vie et de la mort », soit toute idée de projet, de discours qui reposent sur cette antinomie. Ce sujet est sans issue et son discours est toujours d'avance épuisé, vidé de sens. Seule demeure pour lui l'immanence absolue, l'ignorance du lendemain (et donc de tout *pour*, qu'il soit pour-soi ou pour-autrui!). Méconnaissant toute valeur, il se meut dans l'ambivalence nocturne la plus totale.

Et loin que la vie et la mort soient séparées et clairement assignées (permettant ainsi une morale, une action, des projets), loin que l'une (la mort) soit constituée en imaginaire de l'autre (la vie) posée comme le réel, elles sont ensemble maintenues et quasi confondues, la souveraineté, pour le sujet, étant de faire de la (sa) mort une fête de la vie, d'opposer à l'ordre des choses et de la connaissance *le désordre de l'intimité* qui mêle vie et mort, ne connaît ni terme ni origine, se rit de tout savoir et ignore tout projet. Tout, pour le sujet souverain, peut se renverser et s'involuer.

> « La mort en effet trahit l'imposture de la réalité, non seulement en ceci que l'absence de durée en rappelle le mensonge, mais surtout en ceci qu'elle est la grande affirmatrice et comme le cri émerveillé de la vie. L'ordre réel rejette moins la négation de la réalité qu'est la mort que l'affirmation de la vie intime, immanente, dont la violence sans mesure est pour la stabilité des choses un danger, et qui n'est pleinement révélée que dans la mort. » (*T.R.*, 63)

La souveraineté n'est jamais dialectique car elle ignore le travail de la négation. Elle n'est là, en cet instant, que comme la grande affirmatrice, de passage, qui murmure ou crie le *oui* sacré, le oui du jeu infini.

L'imposture de la réalité, c'est l'économique même, en tant précisément qu'il oppose à l'affirmation pure, au sacrifice gratuit, instantané, à l'émerveillement de la mort accueillie l'ordre d'une réalité mensongère, ne se posant comme réalité que par exclusion de son envers, par découpage de son champ, par rabattement de l'ambivalence sur un jeu d'équivalence, et donc d'une réalité faite uniquement de négation, de travail, de production qui tendent à contrôler ou rejeter la démesure et la violence du sacrifice, soit à transformer l'ab-solu en résolu. A l'aveuglante consumation des forces dans l'instant qu'est la souveraineté affirmatrice, le procès économique substitue la laborieuse consommation à long terme, la mesure d'une réserve (profit ; rendement ; formation progressive de la valeur sur base d'équivalence ; constitution de stocks...). Mais la souveraineté – irréductible – demeure au-delà de l'économique, et le sujet souverain fait éclater, dans la violence de son intimité ouverte, la fragile clôture de l'individu (*homo economicus*). Cette fête consumatoire, cette pratique mortifère et joyeuse dans le mortifère qu'est la souveraineté affirmera toujours dans ses larmes la véhémence de l'Impossible, se posant – face au discours économique, comme la figure du défi de son au-delà, de sa perte : déjà décidée, déjà accomplie !

« Il n'est dans ce monde d'immense entreprise qui ait d'autre fin qu'une perte définitive dans l'instant futile. » (*T.R.*, 135)

L'intimité dont parle Bataille est donc à l'opposé d'une intimité morale ou psychologique, à l'opposé d'une « intériorité ». Elle va à l'encontre de l'individualité comme de toute nécessité (les « lois » de la production) ; elle les travaille de l'intérieur en les ouvrant sur leur hors : hors-sujet, hors-valeur... Elle se dérobe ainsi à toute prise ou appréhension (d'où l'inanité, pour Bataille, de tout projet et le dérisoire de tout discours... en fin de compte). Qui veut la dire ne trouve que le silence et n'aboutit qu'au rire. Qui veut l'éprouver ne connaît que les larmes. Car « la souveraineté est silencieuse ou déchue » (*C.*, 278).

Telle est la véhémence de la souveraineté : une perpétuelle dérobade, l'avidité de l'Impossible. Elle dérobe au sujet son propre défi, lui cache ce qu'elle est pour le condamner au silence de la dissimulation, au rire du désir et au non-savoir de sa nuit. A la fin, la souveraineté est, pour le sujet, impossible et cependant son seul possible aimé.

> « Jamais nous ne pouvons *être* souverain. Mais nous faisons la différence entre les moments où la chance nous porte et, divinement, nous éclaire des lueurs furtives de la communication, et ces moments de disgrâce où la pensée de la souveraineté nous engage à la saisir comme un bien. » (*L.M.*, 229)

La souveraineté nous conduit au silence où elle brille dans le rire. Elle n'apporte rien, ne se révèle que dans l'ambivalence la plus intense et l'indifférence absolue que porte la mort lorsqu'elle n'est plus séparée de la vie. Elle défie tout projet ou discours que le sujet voudrait constituer comme son propre et ce défi prend la figure d'une fête illimitée en même temps que d'un échec chaque fois renouvelé : échec du sujet à conserver la souveraineté, échec du discours à la dire, échec de l'économie à la réguler. La souveraineté est fuyante ; elle glisse dans les larmes au-delà de tout ; ligne dansante et éphémère, jeu de l'enfant qui ignore la réserve et se rit des résultats, part irréductible et maudite qui finit par s'échapper aussi à elle-même, ne laissant sur le parcours de ces lignes de fuite que l'imprévu étoilé et heureux d'une chance.

Et, à la fin, qui jamais ne s'atteint, rien d'autre n'est que le silence de la nuit et les larmes de joie de qui, fasciné, s'y engloutit.

Paris, 1975 – Saint-Thibaud-de-Couz, 1976.

Notes

1. Bataille cite ainsi d'un côté le pseudo-Denys, Angèle de Foligno, Maître Eckart, Jean de la Croix, Thérèse d'Avila, intitule un chapitre « Nouvelle théologie mystique », emploie le vocabulaire même de la théologie mystique chrétienne : extase, méditation, contemplation, gloire, nuit et affirme par ailleurs « je hais les moines », donnant pour titre générique de deux volumes : *Somme athéologique*.
2. Voir J. Derrida, « Un hégélianisme sans réserve », *l'Arc* n° 32, sept. 1967, 32.
3. Lorsque Bataille parle de l'être, il le conçoit comme ruissellement, comme continuum mobile (les jeux de la chance) et non comme présence, comme stase ontologique (voir plus loin le chapitre « Mise en jeu, chance et souveraineté »).
4. M. Foucault, « Préface à la transgression », *Critique* n° 195-196, août-sept. 1963, 75.
5. *E.I.*, 21 et 25.
6. Voir plus loin le chapitre « Mise en jeu, chance et souveraineté ».
7. *M.M.*, 218.
8. *E.I.*, 350.
9. Voir plus loin le chapitre « Transgression et expérience des limites ».
10. Ce en quoi il se sépare non seulement de Hegel, mais de Marx, malgré l'influence que ceux-ci ont exercée sur lui. Nous y reviendrons. Ce en quoi aussi il est directement relié à Nietzsche (voir plus loin le thème de la chance, au chapitre « Mise en jeu, chance et souveraineté »).
11. Voir la *Lettre à Kojève* en appendice au *Coupable*, *E.I.*, 369 s. Voir aussi Foucault, art. cité, et la notion d'affirmation non positive.
12. « Le sacrifice détruit les liens de subordination réels d'un objet, il arrache la victime au monde de l'utilité et la rend à celui du caprice inintelligible », *T.R.*, 59.
13. *E.I.*, 37.
14. Attention! ne pas confondre le refus par Bataille du schéma descente/montée qui est refus du schéma chrétien ascèse/glorification, kénose/assomption, avec ce que Bataille dit de l'horreur, de la souillure et des moments de « gloire » ou de « sommets » qui ne sont pas pour lui ascension/chute, mais excès, intensité, singularité, jeu de forces.
15. Ce mouvement homogène/hétérogène, isolement/solitude/communauté/communication, ipse/continuum, sujet/foule, fait l'objet de la part de Bataille d'un exposé presque « philosophique », ce qui est plutôt rare chez lui, in *O.C.*, t. 6, Notes, 441 s. Voir plus loin p. 62 s.
16. Voir *S.N.*, 61.
17. Ce thème de l'intimité est développé par Bataille dans *Théorie de la religion*.
18. *Madame Edwarda*, *Histoire de l'œil*, *Ma mère*, *Histoire de rats*...
19. Non pas au sens où le rire est l'objet d'une production mais au sens où il travaille, creuse le discours et altère le sujet.

20. *Méthode de méditation.*

21. Concernant ce thème, voir le beau livre de Denis Hollier, *la Prise de la Concorde*, Gallimard 1974, 180-185.

22. Sauf, peut-être, dans les dernières pages de *Théorie de la religion.* Encore restent-elles allusives et rapides à ce sujet (voir plus loin p. 146 s).

23. Voir Pierre Klossowski, *Sade, mon prochain*, le Seuil 1947, « L'expérience de la mort de Dieu chez Nietzsche et la nostalgie d'une expérience authentique chez Georges Bataille », 155-184.

24. Rilke, *Élégies de Duino*, huitième élégie, trad. Guerne, in *Œuvres*, t. 2, le Seuil 1972, 335.

25. Voir Marcel Mauss, *Essai sur le don.*

26. Voir *S.N.*, 17 et 20.

27. Voir Lucette Finas, *la Crue, une lecture de* Madame Edwarda, Gallimard 1971.

28. Artaud parlait, lui aussi, de « lois de l'Illogique ».

29. Sur ce thème du sujet de la fente, voir J. Lacan, *Kant avec Sade* in *Écrits*, le Seuil 1971, coll. « Points », 127 : « C'est à savoir l'objet que, pour l'assurer à la volonté dans l'accomplissement de la loi, il est contraint de renvoyer à l'impensable de la chose-en-soi. Cet objet, ne le voilà-t-il pas descendu de son inaccessibilité et dévoilé comme *Dasein*, de l'agent du tourment? Non sans garder l'opacité du transcendant. Car cet objet est étrangement séparé du sujet. (...) Le désir, qui est le suppôt de cette refente du sujet, s'accommoderait sans doute de se dire volonté de jouissance. »
Où la transgression renvoie à l'expérience de l'Impossible (de l'impensable) mais aussi à la volonté de chance, risque du sujet dans la mort et jouissance (voir plus loin p. 146 s).

30. La transgression « est » (?)-elle ce qui porte le coup de marteau ET l'espace éclaté, fragmenté qui vient au regard quand le marteau a frappé?

31. Voir Maurice Blanchot, *Faux-pas*, Gallimard 1943, 141.

32. Voir Denis Hollier, *la Prise de la Concorde*, Gallimard 1974, 241-247 (les deux transgressions).

33. Au sens nietzschéen évidemment et non... bergsonien!

34. Voir plus loin pour le rapport de l'interdit à la transgression.

35. J. Baudrillard, « Au-delà de l'inconscient, le symbolique », *Critique*, février 1975, 176 s.

36. Kant, *Critique de la raison pratique*, PUF 1943, 30.

37. Voir J. Lacan, *Kant avec Sade*, in *Écrits*, le Seuil 1971, coll. « Points » 121 et 125 : « Retenons le paradoxe que ce soit au moment où ce sujet n'a plus en face de lui aucun objet, qu'il rencontre une loi, laquelle n'a d'autre phénomène que quelque chose de signifiant déjà, qu'on obtient d'une voix dans la conscience, et qui, à s'y articuler en maxime, y propose l'ordre d'une raison purement pratique ou volonté. (...) la bipolarité dont s'instaure la loi morale n'est rien d'autre que cette refente du sujet qui s'opère de toute intervention du signifiant : nommément du sujet de l'énonciation au sujet de l'énoncé. »

38. Sade, *la Philosophie dans le boudoir.*

39. Voir Alain Arnaud, « La stratégie de la simulation », *Critique* nº 353, octobre 1976, 959 s.

40. Pascal, *Pensées* in *Œuvres complètes*, le Seuil 1963, « l'Intégrale », p. 549.

41. Nietzsche, *Écrits posthumes*, 1888, cité par Bataille dans *Mémorandum*, in *O.C.*, t. 6, 226.

42. Les textes de Bataille sur les religieux sont souvent assez caricaturaux et ne sont jamais exempts d'une certaine provocation. Il n'empêche : même si ses remarques sur le christianisme sont aussi datées historiquement que la forme de ce christianisme, il reste qu'elles mettent profondément en question le fondement même de la morale chrétienne et de sa conception du corps et du désir...

43. Voir le premier chapitre « De l'expérience ».

44. Voir le chapitre « Transgression et expérience des limites ».

45. Et si Bataille prend ses distances avec la poésie, peut-être faut-il y voir aussi une distance avec la façon dont le poète vit son corps : comme un prolongement du texte et à la limite comme le texte, c'est-à-dire encore comme une possibilité d'assigner un référentiel au corps et de le désigner (mon corps c'est le texte, et inversement, semblerait dire le poète).

46. C'est – entre autres – l'existence de ce regard extérieur qui rend possibles ce qu'on nomme textes « érotiques » aujourd'hui : regard du scripteur qui devient regard du lecteur ; voyeurisme et distanciation du texte. Rien de tel chez Bataille : le procès d'écriture dissout chez lui scripteur et lecteur. Et c'est cette mise en question angoissée du corps comme du langage qui le distingue radicalement des textes érotiques actuels. Pour l'amusement, voir la prière d'insérer du roman *Dawn* (Régine Desforges éd. 1970) qui prétend non seulement affirmer l'aspect nietzschéen du livre, mais aussi comparer le héros avec Madame Edwarda dans la « galerie des grands personnages érotiques » (sic !).

47. Remarque de J. Wahl approuvée par Bataille (voir *Er*, 304).

48. Voir *Er*, 104 s ; voir aussi Denis Hollier, *la Prise de la Concorde*, 292 s.

49. Voir aussi J. Baudrillard, *l'Échange symbolique et la mort*, Gallimard 1976, 11 : « la seule stratégie est *catastrophique*. Il faut porter les choses à leur limite, où tout naturellement elles s'inversent et s'écroulent. »

50. Ce n'est pas en vain que Bataille, après et avant tant d'autres, rapproche l'extase mystique de l'extase érotique : même blessure du sujet, même défaillance dans la discontinuité, même accès à un continuum après le passage par une mort, une perte. Voir le chapitre « L'érotisme, la mort » ; voir aussi J. Lacan, *Séminaire XX : Encore*, le Seuil 1972-1973, à la page 108.

51. Voir à la fin du tome 6 des *O.C.* les tableaux laborieux et un peu comiques, « philosophiquement » parlant (!) de Bataille. Ils ont à la fois le côté maniaque du conservateur de bibliothèque qui compile, classe, fiche... et l'aspect dérangeant de qui fait une expérience et qui ne trouve pas les mots pour le dire.

52. Voir Gilles Deleuze, *Nietzsche et la philosophie*, PUF 1970, particulièrement aux pages 29, 56, 74, 197, 201, 217. Voir aussi *Mémorandum*, citations 215, 227, 247. Et enfin Denis Hollier, *De l'au-delà de Hegel à l'absence de Nietzsche*, in *Colloque de Cerisy-la-Salle*, « 10/18 », 1973, 75.

53. *Généalogie de la morale*, « Troisième Dissertation : L'idéal ascétique », Gallimard coll. « Idées », 141 s.

54. Voir plus haut le premier chapitre « De l'expérience ».

55. Paru dans *la Critique sociale*, voir *O.C.*, t. 1, 339.

56. Voir Marx, *Introduction générale à la critique de l'économie politique* in *O.C.*, « la Pléiade », t. 1, 235 s.

57. Analyses qui seront conduites et étendues ultérieurement dans les travaux de Balibar, Poulantzas...

58. Bataille désigne par *société* l'ensemble constitué que le marxisme appelle *mode de production.*

59. On reconnaît là l'analyse de la genèse de la forme-monnaie chez Marx : voir *le Capital*, I, I, III, et aussi J.-J. Goux, *Freud, Marx : Économie et Symbolique*, le Seuil 1973, 53 s.

60. Analyse qui peut être rapprochée de l'analyse de la lutte des classes et de l'exploitation dans le marxisme. Bataille, en outre, compare l'exclusion des forces hétérogènes par l'homogénéité sociale dominante à l'exclusion des tendances inconscientes par le moi dans la dynamique freudienne.

61. Ce qui peut se rapprocher là encore des analyses de Freud sur l'énergie minima, « le plus bas niveau d'excitation que l'appareil psychique cherche à maintenir » (*Essais de psychanalyse*, « *Au-delà du principe de plaisir* », Payot, 1948, 9).

62. Terme qu'il tire du latin *superaneus*, « supérieur » : « La structure psychologique du fascisme », *la Critique sociale*, in. *O.C.*, t. 1, 351.

63. Marcel Mauss, *Essai sur le don*, in *Œuvres*, éd. de Minuit, 1968.

64. Voir aussi *la Notion de dépense* et *la Part maudite*.

65. Nous ne développons pas cette critique. Voir sur ce point les travaux de Baudrillard, et spécialement *l'Échange symbolique et la mort*, Gallimard 1976, 67-73.

66. Une autre genèse de la souveraineté est possible, chez Bataille, à partir de son texte de 1948, *Théorie de la religion*. Influencé cette fois-ci par Hegel, Bataille lie la souveraineté à la « conscience de soi » et à la totalité. La souveraineté résulte de l'opposition de l'intimité (violence et emportement de l'individu qui n'est plus enfermé dans son individualité, du sujet qui n'est plus le sujet séparé mais le sujet entré dans « la vide limpidité du ciel » et « la sonorité insaisissable du fleuve ») à l'ordre des *choses* (projet, sujet clos, technique). Dans l'ordre des choses « où la libre violence n'a de place que négative » (p. 103), la souveraineté intervient comme l'effraction de l'intimité, de l'angoisse, de la mort et du désordre du non-savoir, et conduit à la « conscience de soi » qui est synthèse de la connaissance technique (monde des objets et de l'action) et de l'intimité. Bataille parle ici de « contre-opération » comme il parlait, après Mauss, de contre-don. Là encore, il faut reprendre la souveraineté contre Bataille et Hegel, la reprendre à la dialectique non plus économique mais métaphysique, et refuser cette idée d'une réconciliation, d'une synthèse (Bataille parle de « somme universelle », p. 142) qui enferment la souveraineté dans le dilemme étroit d'une dialectique binaire. Il nous faut conserver à la souveraineté la limpidité du ciel vide et la sonorité insaisissable du fleuve. Il y a parfois, chez Bataille, comme l'ombre lointaine d'un souci de réconciliation ! Il y a chez lui d'éphémères prurits marxo-hégéliens auxquels nous ne sommes pas tenus d'accorder l'importance qu'il leur donnait !

67. Sartre, *l'Être et le Néant*, Gallimard 1943, 115 s.

68. Hegel, *Phénoménologie de l'Esprit*, Aubier 1939, 21-24, et 63-65.

69. Voir l'allusion à l' « insistance moderne qui s'attache à l'individu », dans l'introduction de *Théorie de la religion*. Rappelons que *la Transcendance de l'ego* est de 1936 et *l'Être et le Néant* de 1943. Dans la mouvance de l'existentialisme, une certaine inflation du sujet-pour-soi a tout de même dû agacer (non sans raison) Bataille !

Bibliographie

ŒUVRES DE GEORGES BATAILLE

Livres

Histoire de l'œil, sous le pseudonyme de Lord Auch, 1928 ; repris chez J.-J. Pauvert en 1967 (rééd. « 10/18 »).
L'Anus solaire, éd. de la Galerie Simon 1931.
La Notion de dépense, dans la revue *La Critique sociale* 1933 ; repris aux éd. de Minuit en 1967.
Le Petit, sous le pseudonyme de Louis Trente ; repris chez J.-J. Pauvert en 1963.
Le Bleu du ciel, 1936 ; repris chez J.-J. Pauvert en 1957 (rééd. « 10/18 »).
Sacrifices, G.L.M. 1936.
Madame Edwarda, sous le pseudonyme de Pierre Angélique, 1937 ; repris chez J.-J. Pauvert en 1966 (rééd. « 10/18 »).
L'Expérience intérieure, Gallimard 1943.
Le Coupable, Gallimard 1944.
L'Archangélique, éd. Messages 1944.
Sur Nietzsche, volonté de chance, Gallimard 1945.
L'Orestie, éd. des Quatre-Vents 1945.
Dirty, éd. Fontaine 1945.
L'Alleluiah, catéchisme de Dianus, A. Blaizot 1947.
Méthode de méditation, éd. Fontaine 1947.
Histoire de rats, journal de Dianus, éd. de Minuit 1947.
La Haine de la poésie, éd. de Minuit 1947.
Théorie de la religion, Gallimard 1948.
La Part maudite, essai d'économie générale, éd. de Minuit 1949 ; rééd. le Seuil, coll. « Points », 1967.
Éponine, éd. de Minuit 1949.
L'Abbé C., éd. de Minuit 1950 (rééd. « 10/18 »).
La Peinture préhistorique. Lascaux ou la naissance de l'art, Skira 1955.
Manet, Skira 1955.
La Littérature et le Mal, Gallimard 1957 (rééd. coll. « Idées »).
L'Érotisme, éd. de Minuit 1957 (rééd. « 10/18 »).
Les Larmes d'Éros, J.-J. Pauvert 1961.
L'Impossible (ex-*Haine de la poésie*, suivi de *Dianus* et de *l'Orestie*) éd. de Minuit 1962.
Ma mère, J.-J. Pauvert 1966 (rééd. « 10/18 »).
Le Mort, J.-J. Pauvert 1967 (rééd. « 10/18).

Les éditions Gallimard ont entrepris la publication des *Œuvres complètes* de Georges Bataille. Huit volumes ont été publiés à ce jour :

tome 1 *Premiers Écrits*, 1922-1940 : Histoire de l'œil, L'Anus solaire, Sacrifices, Articles, avec une présentation de Michel Foucault.
tome 2 *Écrits posthumes*, 1922-1940.
tome 3 *Œuvres littéraires :* Madame Edwarda, Le Petit, L'Archangélique, L'Impossible, La Scissiparité, L'Abbé C., L'Être indifférencié n'est rien, Le Bleu du ciel.
tome 4 *Œuvres littéraires posthumes :* Poèmes, Le Mort, Julie, La Maison brûlée, La Tombe de Louis XXX, Divinus Deus, Ébauches.
tome 5 *Somme athéologique 1 :* L'Expérience intérieure, Méthode de méditation, Post-scriptum 1953, Le Coupable, L'Alleluiah.
tome 6 *Somme athéologique 2 :* Sur Nietzsche, Memorandum, Annexes.
tome 7 L'Économie, A la mesure de l'univers, La Part maudite, La Limite de l'utile, Théorie de la religion, Conférences 1947-1948, Annexes.
tome 8 Histoire de l'érotisme, Le Surréalisme au jour le jour, Conférences de 1951-1953, La Souveraineté, Annexes.

Préfaces

Nietzsche, *Mémorandum*, textes choisis et présentés par Bataille, Gallimard 1945.
Michelet, *La Sorcière*, préface de Bataille, éd. des Quatre-Vents 1946.
Sade, *Justine ou les malheurs de la vertu*, préface de Bataille, Presses du livre français 1950.
Sade, *Justine ou les malheurs de la vertu*, préface de Bataille, J.-J. Pauvert 1950.
Procès de Gilles de Rais, introduction de Bataille, texte établi par Pierre Klossowski d'après le plumitif, Club du livre français 1959 ; repris chez J.-J. Pauvert en 1965.
Max Ernst, texte de Max Ernst, avant-propos de Bataille, Gonthier-Seghers 1960.

ÉTUDES SUR GEORGES BATAILLE

Livres

Lucette Finas, *La Crue, une lecture de* Madame Edwarda, Gallimard, coll. « Le Chemin », 1971.
Jacques Chatain, *Georges Bataille*, Seghers, coll. « Poètes d'aujourd'hui », 1973.
Colloque de Cerisy la Salle, UGE, coll. « 10/18 » : textes de P. Sollers, R. Barthes, D. Hollier, M. Pleynet, J.-L. Baudry, J.-L. Houdebine, F. Wahl, J. Kristeva.
Christian Limousin, *Bataille*, éditions universitaires, coll. « Psychothèque », 1974.
Denis Hollier, *La Prise de la Concorde*, Gallimard, coll. « Le Chemin », 1974.
Jean Durançon, *Georges Bataille*, Gallimard, coll. « Idées », 1976.
Daniel Hawley, *Bibliographie annotée de la critique sur Georges Bataille de 1929 à 1975*, Genève, Slatkine et Paris, H. Champion, 1976.

Études et articles

Maurice Blanchot, *Faux-Pas*, Gallimard 1943 : chap. 5, « L'expérience intérieure », p. 51-56.

Jean-Paul Sartre, « Un nouveau mystique », *Cahiers du Sud*, oct.-nov.-déc. 1943, repris in *Situations I*, Gallimard 1947, p. 143-188.

Pierre Klossowski, *Sade mon prochain*, le Seuil 1947 : « L'expérience de la mort de Dieu chez Nietzsche et la nostalgie d'une expérience authentique chez Georges Bataille », p. 155-184.

Claude Mauriac, « Georges Bataille », *Preuves* n° 64, juin 1956, p. 76-81 ; repris in *L'Alittérature contemporaine*, Albin Michel 1958.

Marguerite Duras, « Bataille, Feydeau et Dieu », *France-Observateur* n° 396, 12 déc. 1957, p. 20-21 (interview).

« Hommage à Georges Bataille », *La Ciguë* n° 1, janv. 1958, p. 27-46 : textes de R. Char, M. Duras, J. Fautrier, L.R. des Forêts, M. Leiris, A. Malraux, A. Masson, J. Wahl.

Roger Verneaux, « L'Athéologie mystique de Georges Bataille », in *De la connaissance de Dieu, Recherches philosophiques* n°s 3 et 4, Desclée de Brouwer 1958, p. 125-158.

Maurice Blanchot, « L'Amitié », *Les Lettres nouvelles* n° 29, oct. 1962, p. 577-592.

Pierre Klossowski, *Un si funeste désir*, Gallimard 1963 : « La Messe de Georges Bataille. A propos de *l'Abbé C.* », p. 121-132.

« Hommage à Georges Bataille », *Critique* n° 195-196, août-sept. 1963 : textes de R. Barthes, M. Blanchot, J. Bruno, M. Foucault, P. Klossowski, M. Leiris, A. Masson, A. Metraux, J. Piel, R. Queneau, Ph. Sollers, J. Wahl.

L'Arc n° 32, 1967 : textes de M. Leiris, M. Lecomte, J.-M. Rey, J. Derrida, Th. Klossowski, M. Deguy, R. de Solliers, D. Hollier, J. Duvignaud, M. Rainoir.

Philippe Sollers, *L'Écriture et l'Expérience des limites :* le Seuil 1968 : « Le toit », p. 105-138.

Bernard Noël, *Le Lieu des signes*, J.-J. Pauvert 1971 : « Poésie et expérience », p. 165-173.

L'Arc n° 44, 1971 ; textes de H. Ronse, M. Leiris, R. Gaché, F. Cuzin, A. Kojève, F. Perroux, J.-M. Rey, J. Pfeiffer, G. Lascaut, D. Hollier.

Gramma n° 1, Écriture et Lecture, automne 1974 : trois textes inédits de Bataille et textes de A. Coulange, A. Duault, L. Finas, D. Hollier, C. Limousin, R. Munier, F. Nef, B. Noël, P. Rousseau.

Jean Baudrillard, « Quand Bataille attaquait le principe métaphysique de l'économie », *La Quinzaine littéraire* n° 234, p. 4-5.

Jean Baudrillard, *L'Échange symbolique et la Mort*, Gallimard 1976 : « La mort chez Bataille », p. 236 s.

Voir aussi :

Écrits de Laure, présentés par J. Peignot, J.-J. Pauvert 1971.

De l'expérience

Expérience intérieure et expérience mystique
– le non-savoir dénude, le non-savoir est sans issue
– L'être n'est nulle part, l'être est sans délai
– dans la nuit, il n'y a que la nuit! vide du sujet
et vide de l'objet : la fusion des deux est nocturne
– le souci de l'avenir au diable, il n'y a plus que le rire
– le refus des moyens et le voyage au bout des possibles :
mise en jeu et souveraineté
– la méthode : volonté de chance et exacerbation du désir
– l'éclatement du sujet et la communication : le supplice et l'extase
– le continuum et le sujet : ruissellement et point d'arrêt
– les deux régimes du désir : désir-manque et désir-immanence
– la réserve et la dépense – le rire, une figure d'expérience.

L'excès, l'impossible

L'excès n'est pas un concept, le jugement et le sujet se dérobent
– la philosophie dé-mise – la tache aveugle
et le dépassement intolérable
– l'inconnu absorbe le connu, et c'est le rire
– le sujet en défaille et va à sa perte/à sa chance
– l'excès est toujours excédé, la dépense est inépuisable
– fêlure et communication – le seul possible aimé : l'Impossible
– le désir de chavirer – affronter la mort comme une imposture
– sujet hétérogène, sujet dépossédé
– l'aspiration extrême : vers l'homme entier
– le sacrifice et l'entrée dans le dehors – le texte excédé
– Gilles de Rais : la perte dans l'excès/la souveraineté illimitée

Transgression et expérience des limites

La transgression n'est pas dialectique
– transgression et expérience des limites :
– limites dissoutes/limites reconduites
– la transgression est une gestuelle, elle est attachée
à la forme, elle est sans objet
– Plotin et l'épuisement des limites
– porter les choses à leur limite, accomplir la limite
comme violence masquée – échec de la transgression
et défaillance du sujet

la transgression ou la négativité sans emploi –
la transgression est une profanation sans objet –
le coup de marteau, la gestuelle du seuil –
une affirmation non positive, à la merci d'un coup de chance –
l'entrée dans l'ambivalence – transgression indéfinie/interminable –
l'usage pieux de la transgression – l'usage éthique –
il n'y a rien à transgresser! – la transgression ne rencontre rien, surtout pas la loi! – la mort.

L'érotisme, la mort

L'érotisme et la mort : continuité et discontinuité –
la petite mort et la platitude de la reproduction –
scissiparité et continuum – la fêlure de la jouissance –
la nudité ou l'ouverture sans limite –
Bataille ne donne pas dans l'hédonisme!
la pègre et son affaissement – extase mystique et jouissance érotique –
Bataille n'est pas un humaniste :
la jouissance est catastrophique et risquée –
Bataille et la morale chrétienne – statut du corps et du discours :
le discours ne s'inaugure que de sa perte –
il faut livrer la philosophie au silence.

Mise en jeu, chance et souveraineté

Continuité/discontinuité : la communication –
hétérologie et individu – le sujet convoqué à sa perte –
l'effraction par la mort – une structure de catastrophe –
le défaut de la cuirasse – la reproduction et la petite mort –
une éthique des sommets : épuisement des valeurs,
succession de dérobades et lignes de fuite
le-moi-qui-meurt – l'homme entier n'est pas un héros! –
le corps blessé – l'inachèvement essentiel –
pas de dolorisme : le défi se porte à hauteur de mort –
le coup de chance de Dionysos : toujours oui! –
le sujet de la chance, un sujet singulier –
la foudre et l'abandon – la haute mer et la terre inconnue –
genèse et reprise – il faut reprendre
la souveraineté contre Bataille lui-même, parfois –
la véhémence de l'Impossible – le sujet souverain :
son rire, ses larmes –
l'intimité est la grande affirmatrice :
à la fin, le sujet s'engloutit, c'est sa chance

Illustrations

Nous tenons à assurer de notre gratitude Madame Diane Bataille qui a généreusement mis à notre disposition des documents précieux, photos et manuscrits. Que tous ceux, artistes et collectionneurs, Jean Bruno, Jacques Hérold, Pierre Klossowski, Louise Leiris, Michel Leiris, André Masson, Maurice Nadeau, qui nous ont aidés à enrichir l'iconographie de ce livre, trouvent ici l'expression de nos vifs remerciements ainsi que les éditeurs Blaizot, Guy Lévis Mano, Jean-Jacques Pauvert, les Éditions de Minuit, le Soleil noir, Skira.

Collections : Diane Bataille, 2 et 3 cv, 19b, 63 (Man Ray), 88 ab, 90, 91, 92-93, 119, 156. – Guy Lévis Mano, 104. – Louise Leiris, 69. – Michel Leiris, 48, 50, 51, 54, 55. – Maurice Nadeau, 19c. – Jean-Jacques Pauvert, 10, 11ab, 12, 13, 15, 19a, 184. – Skira, 142, 143. – Coll. part. : 81, 95, 135, 161.

Atlas (Verroust), 171. Bibliothèque nationale, 16, 20, 42, 55, 108, 109, 132 ; BN/Seuil, 2, 17ab, 22. British Museum, 158. Draeger, 128-129. L'Express (Charpentier), 4-5, 147, 178-179. Fotogram (Martin Mayan), 170. Giraudon, 31. Golderstat Ltd, 125. Izis, 24. Magnum (J.K.), 138. Rapho (Silvester), 165. Jacques Renaud, 74-75. Roger Viollet, 87. Snark, 100. – © ADAGP 1978 : 42, 55, 104, 129, 132, 135, 161. - © SPADEM : 100, 108. – Graphiques Noëllie Gastoué.

Ce livre, le cent unième de la collection « Écrivains de toujours » dirigée par Denis Roche, a été réalisé par Gaëtane Miletti et Françoise Billotey.

Table

8 chronologie

24 De l'expérience

62 L'excès, l'impossible

94 La transgression et l'expérience des limites

124 L'érotisme, la mort

146 Mise en jeu, chance et souveraineté

180 notes

185 bibliographie

188 table analytique

collections microcosme
PETITE PLANÈTE

1 Autriche
2 Suède
3 Italie
4 Pays-Bas
5 Irlande
6 Grèce
7 Allemagne
8 Tunisie
9 Suisse
10 Espagne
11 Turquie
12 Chine
13 Iran
14 Israël
15 Danemark
16 Portugal
17 Tahiti
18 Belgique
19 Inde
20 Brésil
21 Japon
22 Sahara
23 URSS
24 Grande-Bretagne
25 Yougoslavie
26 Finlande
27 Norvège
28 Madagascar
29 Venezuela
30 Égypte
31 Maroc
32 Pologne
33 Australie
34 Mexique
35 Tchécoslovaquie
36 Argentine
37 Canada
38 Afrique des Grands Lacs
39 Liban
40 Chypre
41 Haïti
42 Colombie
43 Albanie
44 Indonésie
45 Roumanie
46 Hongrie
47 Afghanistan
48 Birmanie
49 Yémen
50 Népal
51 Antilles
52 Thaïlande
53 Pérou

PETITE PLANÈTE/VILLES

101 New York
102 Hong Kong
103 Amsterdam
104 Venise

LE RAYON DE LA SCIENCE

10 L'énergie nucléaire
11 La connaissance de l'Univers
20 Le froid
23 La médecine chinoise
25 Physique de l'océan
28 Histoire des mammifères
29 Les médicaments
30 Les mathématiques modernes
31 L'informatique

SOLFÈGES

1 Couperin
2 Schumann
3 Ravel
4 Schubert
5 Chopin
6 Haydn
7 Honegger
8 Mozart
9 Jazz
10 Verdi
11 Tchaïkovski
12 Stravinsky
13 Falla
14 Monteverdi
15 Liszt
16 Prokofiev
17 Wagner
18 Rameau
19 Bach
20 Puccini
21 Moussorgsky
22 Debussy
23 Beethoven
24 Bartok
25 Brahms
26 Mahler
27 Franck
28 Vivaldi
29 Berlioz
30 Schoenberg
31 R. Strauss
32 Bruckner
33 Fauré
34 Varèse
35 Satie
36 Mendelssohn

collections microcosme
ÉCRIVAINS DE TOUJOURS

1 Hugo
2 Stendhal
3 Montaigne
4 Flaubert
5 Colette
6 Pascal
7 Zola
8 Giraudoux
9 Baudelaire
10 Montesquieu
11 Proust
12 Malraux
13 Diderot
14 Mauriac
15 Saint-Simon
16 Laclos
17 Montherlant
18 Corneille
19 Michelet
20 Apollinaire
21 Bernanos
22 Shakespeare
23 Gorki
24 Anatole France
25 Barrès
26 Marivaux
27 Gœthe
28 Voltaire
29 Sartre
30 Tchekhov
31 Romain Rolland
32 Giono
33 Balzac
34 Saint-Exupéry
35 Virginia Woolf
36 Descartes
37 Jules Renard
38 Machiavel
39 Joyce
40 Molière
41 Cocteau
42 Horace
43 Homère
44 Melville
45 Mme de La Fayette
46 Hemingway
47 Virgile
48 Rabelais
49 Edgar Poe
50 Ronsard
51 Beaumarchais
52 Cicéron
53 Rousseau
54 Rimbaud
55 La Fontaine
56 Maïakovski
57 Dostoïevski
58 Teilhard de Chardin
59 Kierkegaard
60 Aristophane
61 Maupassant
62 Gide
63 Claudel
64 Camus
65 Faulkner
66 Pasternak
67 Mallarmé
68 Nerval
69 Vigny
70 Érasme
71 Chateaubriand
72 Verlaine
73 Pouchkine
74 Lautréamont
75 Mme de Sévigné
76 Julien Green
77 Bergson
78 Benjamin Constant
79 Paul Eluard
80 Hegel
81 Kafka
82 Freud
83 Beckett
84 Sophocle
85 Tacite
86 Borgès
87 Rilke
88 Maine de Biran
89 Cervantès
90 Breton
91 Mounier
92 Le Nouveau Roman
93 Les Surréalistes
94 Bachelard
95 Heidegger
96 Barthes
97 Spinoza
98 Fourier
99 Dickens
100 Ronceraille
101 Bataille

LE TEMPS QUI COURT

GROUPES SOCIAUX

3 Les intellectuels au Moyen Age
4 Les marchands au XVIe s.
7 Les juges
8 Les officiers
10 Les templiers
11 Les bâtisseurs de cathédrales
22 Les courtisans
25 Les explorateurs au Moyen Age
31 Les prêtres
35 Les Conquistadores
36 Les communards
39 Les premiers chrétiens
41 Les Vendéens de 93

CIVILISATIONS

1 Les Gaulois
26 Les Incas
30 Les Byzantins
33 Les Khmers
40 Les Tsiganes
42 Les Québécois
43 Les Aztèques

BIOGRAPHIES

13 César
14 Napoléon
15 Lénine
17 Jeanne d'Arc
18 C. Colomb
21 Robespierre
27 La reine Victoria
28 Catherine II
34 Pétain
37 Lincoln

Achevé d'imprimer en 1978 par l'Imprimerie Tardy Quercy, à Bourges
D. L. 2e trim. 1978 - No 4853 (8816)